# Comment choisir, élever et prendre soin de votre chat

Caroline Davis

# Comment choisir, élever et prendre soin de votre chat

Trédaniel Pratique
19, rue Saint-Séverin
75005 - Paris

DANS LA MÊME COLLECTION :

L'ESSENTIEL DU YOGA, Vimla Lalvani
L'ESSENTIEL DU FITBALL, Jan Endacott
L'ESSENTIEL DU PILATES, Trévor Blount & Éléanor McKenzie
L'ESSENTIEL DE LA REFLÉXOLOGIE & DE L'ACUPRESSURE, Janet Wright
L'ESSENTIEL DU MASSAGE, Janet Kavanagh
CELLULITE, SOLUTIONS EFFICACES POUR COMBATTRE LA CELLULITE EN 6 SEMAINES, Helen Foster
JUS ET SMOOTHIES, Peny Hunking & Fiona Hunter
L'ESSENTIEL DU REIKI, Éléanor McKenzie
L'IG, INDICE GLYCÉMIQUE, LE NOUVEAU RÉGIME MINCEUR/ÉNERGIE, Helen Foster

Titre originel : *Cats Basics*



Traduction de l'anglais : Jean Rouby
Révision du texte : Denis Poulet, Marcel Broquet
Infographiste : Sandra Martel

ISBN : 978-2-84445-923-7

Imprimé en Chine

www.editions-tredaniel.com
info@guytredaniel.fr

Les conseils donnés dans ce livre ne remplacent pas l'avis d'un vétérinaire. Aucun chat ni aucun chaton n'ont été blessés au cours de la réalisation de ce livre.

À moins que l'information fournie ne soit destinée à un chat femelle, le générique masculin est utilisé. L'information s'applique tant aux mâles qu'aux femelles, sauf en cas de mention spécifique.

# TABLE DES MATIÈRES

# INTRODUCTION

« Une maison sans chat, sans chat bien nourri, bien choyé et proprement respecté, est peut-être une maison parfaite, mais comment peut-elle le prouver ? » demandait l'écrivain états-unien Mark Twain (1835-1910) – et il avait raison. D'une manière ou d'une autre, comme tout amoureux des chats le confirmera, un chat rend une maison plus accueillante, plus chaleureuse et même plus sûre.

Même ceux qui prétendent ne pas aimer les chats ont tendance à changer d'opinion une fois qu'ils ont compris ce qui fait vibrer un chat. Pour ceux qui adorent les félins sous toutes leurs formes, la vie serait incomplète sans un chat qui accourt à leur rencontre, miaule et fait des huit entre leurs jambes pour capter leur attention, et qui, plus tard, se roule en boule sur eux, détendu et ronronnant, pour une agréable séance de satisfaction réciproque.

# CHOISIR UN CHAT

Comme les besoins, la personnalité et les conditions idéales de vie varient grandement d'un chat à un autre, il importe de choisir le chat qui sera heureux en votre compagnie et que vous serez heureux de posséder. Avez-vous le temps de brosser quotidiennement un chat à poil long ? Désirez-vous un chat sociable et affectueux ou un compagnon plus indépendant ? Un chat adulte aurait-il davantage sa place chez vous qu'un chaton ? Assurez-vous de faire un choix éclairé en lisant attentivement les pages qui suivent.

# Pourquoi un chat ?

En Grande-Bretagne, en France, au Canada et aux États-Unis, les chats sont désormais des animaux familiers plus populaires que les chiens. Les principales raisons en sont peut-être leur relative indépendance et leur capacité à faire de l'exercice et à satisfaire leurs besoins naturels sans intervention humaine. Ces caractéristiques les rendent moins accaparants que les chiens, qui ont besoin de compagnie et d'être promenés régulièrement. En outre, un chat peut témoigner autant d'affection qu'un chien et se révéler un compagnon de jeu aussi amusant.

*Grâce aux progrès de la médecine vétérinaire et de l'alimentation animale, les chats de compagnie vivent désormais une bonne quinzaine d'années, voire davantage.*

## Tenir compagnie

Le chat ne se limite pas à nous tenir compagnie, il dégage en outre un sentiment de paix et de tranquillité dans un monde chaotique et stressé. Des recherches ont démontré que la compagnie d'un chat – ou d'un autre animal familier – favorise la détente et la convalescence, de même qu'elle garde alertes et actifs les gens qui prennent de l'âge.

Les chats sont autonomes de nature, quoiqu'il faille les protéger dans les zones urbaines où ils sont particulièrement vulnérables aux effets de la circulation automobile. Plus indépendants de nature que les chiens, les chats peuvent se montrer très fidèles et reconnaissants, exigeant peu en retour sinon d'être nourris, logés et aimés.

## L'exercice

Généralement, les chats font de l'exercice en chassant (s'ils peuvent aller à l'extérieur) et en jouant. Certains propriétaires, vivant en milieu urbain ou rural, aménagent un enclos dans la cour ou le jardin afin que leur chat jouisse de liberté et du grand air sans péril pour sa sécurité. Jouer quotidiennement avec votre chat renforcera son attachement pour vous et le tiendra occupé (le rendant ainsi moins sujet aux troubles de comportement).

## Les soins quotidiens

Par rapport à d'autres animaux familiers, les besoins quotidiens d'un chat sont peu nombreux. Les chats à poil long sont l'exception à la règle, car ils exigent un brossage quotidien pour prévenir les problèmes de pelage et de peau. D'ordinaire, les chats sont méticuleux quand ils se toilettent et se lavent ; il s'ensuit qu'il n'est généralement pas requis de les baigner, mais un brossage quotidien limitera la dispersion des poils dans la maison.

## Les coûts d'entretien

L'entretien des chats est peu coûteux. Outre les frais hebdomadaires de nourriture et de litière, vos seules autres dépenses régulières seront les traitements antiparasitaires recommandés par le vétérinaire, les vaccins annuels contre les maladies spécifiques aux chats, un contrôle sanitaire annuel effectué par un vétérinaire et l'achat de jouets (quoique de petites boules de papier chiffonné et des balles de ping-pong fassent tout aussi bien l'affaire). Bien que ce soit facultatif, il peut être prudent de souscrire à une assurance pour animal familier, car si votre chat est victime d'un accident ou d'une maladie, les traitements vétérinaires requis peuvent coûter cher.

*Les chats sont d'excellents compagnons de jeu pour des personnes de tout âge. Le jeu interactif amusera votre chat et vous-même, et il lui procurera suffisamment d'exercice.*

## Les avantages

Comme les chats ne jappent ni ne hurlent, vos voisins ne seront pas incommodés sur ce plan, ce qui n'est pas négligeable si vous habitez une zone densément peuplée. Un chat est satisfait tant qu'il est nourri régulièrement, qu'il peut boire de l'eau propre et fraîche, que sa litière est nettoyée et qu'il dispose d'un lieu sûr où faire de l'exercice, se reposer, et de quelques jouets. S'il est sociable et qu'il peut se blottir au chaud sur quelqu'un qui le caressera doucement, il sera un chat très heureux, qui témoignera une affection réciproque à son propriétaire.

## Le genre de logement

Le chat peut vivre très heureux dans la plupart des foyers. De nombreux habitants de villes grandes et petites gardent leur chat à l'intérieur sans difficulté. Dans les tours d'habitation, il est préférable d'installer des grillages de protection aux fenêtres et aux balcons afin de prévenir leur chute accidentelle.

# Chat hybride ou pure race ?

Vous avez peut-être déjà en tête l'image d'un chat idéal quant à sa couleur, son type et son tempérament : il est ravissant, affectueux et son comportement est irréprochable. Toutefois, vous devez garder à l'esprit que les chats sont des êtres vivants et que chacun est un individu doté de son caractère propre. Par conséquent, il ne s'en trouve pas sur les tablettes qui soient déjà programmés pour correspondre parfaitement à l'animal que vous imaginez. Vous pouvez choisir votre couleur et votre type préférés, mais, dans une large mesure, le comportement du chat et sa relation avec vous dépendront surtout des soins que vous lui prodiguerez et des rapports que vous établirez avec lui. Comme certains chats de race sont reconnus pour leurs traits de caractère particuliers, comme l'attitude décontractée ou la grande affection qu'ils éprouvent pour les êtres humains, votre choix peut s'en trouver facilité.

*Le Persan « à face de Pékinois » est un chat de concours attrayant, mais les chats « typés » (c'est-à-dire aux caractéristiques exagérées) sont sujets à des problèmes respiratoires et autres.*

## Les types de chats

Il y a actuellement plus de 50 races distinctes et des centaines de variétés de couleurs. Tous les chats domestiques, peu importe leur couleur, leur type de fourrure ou leur caractère, appartiennent à l'un ou l'autre des trois groupes principaux : pure race, hybride ou commun.

### 1 Pure race (ou pedigree)

Ces chats sont issus de parents pure race de la même race. L'avantage du chat de race, c'est que vous saurez exactement de quoi il aura l'air et, pour peu que vous vous renseigniez sur la race, vous aurez une très bonne idée de son tempérament typique et de ses caractéristiques une fois qu'il aura atteint l'âge adulte.

### 2 Hybride (ou croisé)

Ces chats sont issus de parents pure race, mais de races distinctes – par exemple, un Persan croisé avec un British Shorthair. En grandissant, les chatons d'une telle portée ressembleront à l'un ou à l'autre parent, ou seront un mélange des deux. Les uns peuvent avoir le poil long, d'autres le poil ras ou mi-long.

### 3 Commun (ou de gouttière)

Les chats sont dits communs quand l'un des parents, ou les deux, était lui-même un hybride. Les croisements de différentes races pendant des générations rendent l'apparence, le caractère et le tempérament difficiles à anticiper.

## Le pelage (ou la robe)

Il y a deux types de pelage : à poil ras (ou court) et à poil long (ce dernier étant souvent appelé à tort « Persan », qui est une race en soi). Chaque type correspond exactement à son appellation, quoique certains pelages soient plus épais que d'autres, selon la race du chat. Variante extrême de chat à poil ras, le chat nu (tel le Sphynx) n'arbore qu'un fin duvet sur

| TYPE | AVANTAGES | DÉSAVANTAGES |
|---|---|---|
| **Les chats de race** | • Dûment informé sur la race, vous pouvez choisir exactement votre animal idéal, en sachant d'avance ce que seront son apparence et son caractère.<br>• Il existe assez de types et de couleurs pour plaire aux goûts de chacun.<br>• Vous pouvez choisir le type et la couleur que vous désirez, mais il vous faudra peut-être patienter avant que vos exigences soient satisfaites.<br>• Comme les chats de race sont élevés habituellement avec le plus grand soin, vous pouvez vous attendre à ce que votre animal soit en bonne santé. | • Les chats de race sont plus chers que les chats hybrides.<br>• Certaines races sont sujettes à des problèmes héréditaires ou à des maladies spécifiques (en particulier, les chats élevés pour être typés).<br>• Certaines races ont des traits de caractère ou des exigences spécifiques qui pourraient vous rebuter ou ne pas convenir à votre mode de vie.<br>• Certains chats de race sont difficiles à obtenir à cause de leur rareté ou parce que la demande excède leur disponibilité. |
| **Les chats hybrides (ou croisés)** | • Ils sont habituellement moins chers que les pure race.<br>• Si vous savez à quoi ressemblent les parents, vous aurez une bonne idée de l'apparence et du caractère des chatons.<br>• Ils sont généralement plus robustes que les pure race, bien que cela dépende du croisement et de l'héritage génétique des parents.<br>• Comme les croisements sont habituellement intentionnels, vous pouvez vous attendre à des animaux sociables et sains. Sachez toutefois que ce n'est pas toujours le cas. | • Ils ne sont pas toujours disponibles sur demande, surtout si vous recherchez un croisement spécifique.<br>• À cause des traits de caractère et de comportement des races croisées, certaines combinaisons, tel le croisement d'un Birman et d'un Siamois, peuvent être assez explosives. Les deux races étant du type à rechercher l'attention, très actif et vocal, l'union des deux peut produire un animal très exigeant ! Certains propriétaires peuvent l'apprécier, alors que d'autres pourraient trouver un tel animal épuisant et exaspérant. |
| **Les chats communs (ou de gouttière)** | • Ils sont gratuits ou peu chers.<br>• Il existe un vaste choix de types et de couleurs.<br>• D'ordinaire, ils sont faciles à obtenir.<br>• Généralement, leur santé pose peu de problèmes. | • Les traits de caractère des parents étant généralement inconnus, il est difficile de prévoir l'allure, le comportement et le caractère du chaton une fois adulte.<br>• Il pourrait s'écouler un certain temps avant que vous trouviez l'animal ayant l'âge, la couleur et le sexe désirés.<br>• Comme vous ne pouvez pas toujours être sûr que l'animal a été élevé et traité correctement, restez vigilant pour détecter les symptômes de mauvaise santé ou les troubles de comportement. |

*Les Siamois sont des chats affectueux et très sociables. Si vous devez vous absenter régulièrement toute la journée, il est souhaitable de procurer à votre Siamois un autre chat pour lui tenir compagnie.*

les oreilles, le museau, la queue et les parties génitales externes du mâle. Le pelage des chats à poil mi-long n'est pas aussi épais ni aussi long que celui des vrais chats à poil long. Certaines races ont le poil frisé (Cornish Rex, Selkirk Rex et le La Perm qui peut avoir le poil long ou ras).

## Les couleurs de robe

Le pelage des chats compte plusieurs couleurs différentes, les chats de race affichant le plus de variantes. Les couleurs de base du chat sont assez simples à reconnaître – noir, blanc, crème et argenté, notamment –, mais d'autres sont moins évidentes tel le bleu-crème et le colourpoint (voir le tableau ci-contre).

## L'apparence

Se déclinant dans toutes les formes et toutes les tailles, il existe des chats qui conviendront aux exigences et aux goûts de chacun. Par exemple, il y a le Munchkin aux courtes pattes (dont on dit qu'elles conviennent bien à un animal de compagnie, car il ne peut sauter sur le comptoir de cuisine), le Scottish Fold aux oreilles repliées, l'American Curl aux oreilles bouclées, le Manx (ou chat de l'île de Man) dépourvu de queue, le Bobtail japonais à courte queue enroulée sur elle-même (comme celle d'un lapin) et le Bobtail américain à la voix si insitéc.

## Votre mode de vie

Dans une large mesure, votre mode de vie détermine le genre d'animal que vous devriez rechercher. Durant la vie du chat, vous serez responsable de sa santé et de son bien-être mental, et vous devrez trouver des remplaçants si vous ne pouvez assumer votre rôle quand, par exemple, vous partirez en vacances ou que vous vous absenterez longtemps de la maison pour une raison ou une autre.

Comme certaines races exigent beaucoup plus de soins que d'autres, optez pour un tel chat seulement si vous pouvez l'entretenir adéquatement toute sa vie durant. Si vous faites l'acquisition d'un chat à poil long, vous devez être prêt à apprendre comment entretenir son pelage correctement ; si vous optez pour un type extraverti et énergique, vous devez être prêt à lui accorder toute l'attention requise. De telles considérations peuvent paraître évidentes, mais les organisations de bienfaisance pour les animaux prennent encore en charge des milliers de chats abandonnés parce

**Arlequin** Robe bicolore : 50 à 75 % blanc, 25 à 50 % coloré.

**Bicolore** Robe blanche avec des taches sombres.

**Bleu** Toutes les nuances de gris froid (ardoise).

**Bleu-crème** Version diluée de tortie (écaille de tortue), il s'agit d'une robe mélangée ou tachetée de gris pâle et de crème. Il existe d'autres variantes, dont chocolat-crème, lilas-crème, etc.

**Bronze** Brun cuivré chaud qui pâlit jusqu'au chamois.

**Brun** Toutes les nuances de brun foncé – sauf chez un tabby (chat tigré) brun où le chat est génétiquement noir et rayé noir sur fond d'agouti (robe grisonnante comme celle d'un lièvre).

**Caméo** Robe blanche à pointes rousses.

**Cannelle** Chocolat pâle.

**Caramel** Nuance délicate de brun orangé pâle.

**Champagne** Chamois-crème avec des nuances chaudes de miel ou de roux doré pâle.

*Bleu*

que leurs maîtres ont été incapables d'en prendre soin comme il faut.

En fin de compte, le choix d'un chat de race ou non vous appartient. Vous occupez la meilleure position pour faire un choix éclairé et, par conséquent, vous procurer un chat de la bonne couleur et du bon type. La transformation du chat que vous aurez choisi en ce compagnon idéal que vous désirez, compte tenu de votre mode de vie et de vos attentes, fait l'objet des pages suivantes.

*Crème*

**Chinchilla** Robe blanche à pointes sombres.

**Chocolat** Brun riche et chaud.

**Colourpoint (ou colorpoint)** Manteau uni, à l'exception de la queue, des pattes, du museau (face) et des oreilles qui sont d'une autre couleur.

**Lilas** Nuance chaud de gris très pâle (gris rosé).

**Mink** Palette de couleurs de la race tonkinoise.

**Particolore** Robes bicolores et torties (écaille de tortue).

**Platine** Gris argenté pâle avec des teintes faon (ou fauve) pâle.

**Tacheté** Robe tabby à deux tons avec des taches foncées et pâles, qui mélange le tortie et le tabby. Le chat tacheté est parfois appelé « torbie », ce qui porte à confusion.

**Rouge** Toutes les nuances de roux. Les tons cuivrés foncés sont les plus recherchés.

**Ruddy** Lièvre. Modification du noir chez l'Abyssin, produisant des teintes brun roux à terre de Sienne brûlée.

**Sable** Zibeline. Terme parfois utilisé pour désigner des chats brun foncé génétiquement noirs.

**Self** Couleur unie (ou solide).

**Smoke** Fumé. Duvet (ou sous-poil) blanc, robe blanche à la racine et colorée aux pointes.

**Sorrel** Modification du roux chez l'Abyssin, produisant des teintes d'orangé brun (cuivre chaud ou cannelle) à brun pâle. [Chez un cheval, sorrel correspond à alezan.]

**Tabby** Il y a quatre motifs de base : ticked (chaque poil porte des bandes contrastées pâles et foncées), mackerel (rayures verticales), moucheté (comme le mot le dit) et classique (les flancs sont marbrés de rayures arrondies et de cercles).

**Tipped** Les poils sont de couleurs différentes seulement aux pointes, ce qui peut créer un effet chatoyant.

**Tortie** (Écaille de tortue) Robe bicolore (noir et roux).

**Tortie-et-Blanc (Calico)** Pelage tricolore (noir, roux et blanc).

*Bleu, tortie et blanc*

# Où et quand se procurer un chat ?

**Envisager l'acquisition d'un chat et l'acquisition elle-même sont deux choses fort différentes. Que vous penchiez pour un chat adulte ou un chaton, vous devez considérer vos conditions de vie du moment. Vous désirez un chat, mais est-ce qu'un chat désirerait partager avec vous cette période de votre vie ?**

## Ce n'est pas le moment

Le temps n'est pas propice à l'accueil d'un chat si...

- vous êtes sur le point de déménager ou de partir en vacances ;
- vous êtes très occupé au travail et à la maison, ou que vous préparez une grande réception ;
- vous changez d'emploi ou êtes mis au chômage ;
- vous êtes malade ou vous attendez un bébé ;
- votre couple se sépare ou vous êtes en deuil.

Bien sûr, il y a des exceptions à la règle. Beaucoup de gens trouvent du réconfort dans leur animal de compagnie durant les périodes de stress. Toutefois, les animaux ressentent l'anxiété de leur maître et ils en sont affectés. Par conséquent, il importe de stabiliser votre situation matérielle et émotionnelle pour offrir un foyer tranquille et harmonieux à votre chat avant même d'en chercher un.

## La disponibilité des chats

Parfois, il n'est pas aussi simple de se procurer un chat qu'on peut l'imaginer :

- Si vous voulez un chat ou un chaton d'une race, d'une couleur ou d'un sexe en particulier, il faudra peut-être transmettre vos exigences à plusieurs éleveurs afin d'avoir le premier choix lorsqu'un tel animal sera disponible.
- Les chatons sont tributaires de la saison des amours.
- Comme les chatons ont tendance à être très en demande dans les centres d'hébergement pour animaux, vous devrez peut-être patienter avant d'obtenir le vôtre.
- Si le type exact de chat que vous recherchez n'est pas présent dans les centres d'hébergement, armez-vous de patience.

## Trouver votre chat

Votre journal local, les animaleries, les babillards des centres de soins vétérinaires, le bouche à oreille des amis et de la famille, de même que les centres d'hébergement d'animaux sont autant de sources possibles pour trouver un chat ou un chaton. Un chaton devrait être âgé de huit semaines au moins pour pouvoir quitter sa mère en toute sécurité. À cet âge, il devrait être sevré et habitué à fréquenter des gens et des animaux divers. Certains éleveurs préfèrent attendre que les chatons soient âgés de 12 semaines avant de les offrir pour l'adoption ; ils sont alors dressés à utiliser la litière et ont reçu leurs premiers vaccins.

## Quelle est la meilleure source ?

Aucune source n'est supérieure aux autres, parce qu'il faut tenir compte de facteurs propres à chacune.

### Les éleveurs

Si vous vous procurez un chaton auprès d'un éleveur, essayez de le choisir parmi une portée entière. Votre choix sera influencé par l'apparence des chatons, mais il devrait l'être tout autant par leur comportement et leur état de santé ; il est préférable d'en choisir un qui paraît sain, extraverti, amical et qui vous approche avec confiance. Évitez de choisir un chat qui paraît en mauvaise santé, parce que vous adopterez un problème.

Parfois, on peut obtenir un animal de race plus âgé auprès d'un éleveur qui n'a plus besoin de ses services, ou des chatons issus d'unions accidentelles (mésalliances) qui ont dérogé au programme d'élevage.

### Les amis ou la famille

Si vous n'avez pas le temps de dresser un chaton, un chat plus âgé peut s'avérer une bonne solution de rechange, surtout si un membre de la famille ou un ami vous offre un chat amical et bien dressé.

### Les centres d'hébergement (ou refuges) pour animaux

Si vous décidez de choisir un chat dans un centre d'hébergement, renseignez-vous dans la mesure du possible auprès du personnel pour connaître son passé. Par exemple, certains chats n'ont pas été habitués à vivre à l'intérieur s'ils ont passé leur vie à vagabonder et à ne dépendre que d'eux-mêmes; de tels animaux pourraient ne pas s'adapter à un environnement domestique.

### Les chats errants

Parfois, un chat adopte un foyer où il se sent bienvenu, ou encore c'est vous qui tombez sur un chat qui semble abandonné. Cependant, si vous trouvez un « vagabond », sachez que quelqu'un quelque part se désole peut-être de sa disparition; par conséquent, tâchez de retrouver son maître en informant les autorités locales et les centres d'hébergement, en affichant des messages « Trouvé » dans les magasins et les centres de soins vétérinaires des environs, et en examinant l'animal au cas où il porterait une micropuce. Lorsque vous serez certain que c'est un chat errant, faites-le examiner par un vétérinaire pour connaître son état de santé et, au besoin, faites-le stériliser.

### Les animaleries

Se procurer un chat dans une animalerie peut être risqué, d'où l'importance de vous montrer très vigilant. Assurez-vous que les animaux ont l'air d'y être bien traités, qu'ils ont assez d'espace, de nourriture et d'eau, et qu'ils semblent en bonne santé. Si plusieurs chats partagent un environnement moins qu'idéal et qu'il y a un fort roulement d'animaux, le risque d'infection sera d'autant plus grand; et si infection il y a, elle pourrait se manifester seulement quand l'animal sera rendu chez vous.

## Combien un chat coûte-t-il ?

• Chez les éleveurs de chats de race : les prix peuvent varier énormément selon la race et selon que le chat possède ou non des caractéristiques de concours.
• Dans les refuges : il y a généralement des frais pour couvrir le coût des vaccins et de la stérilisation.
• Les chats errants : ils sont gratuits.
• Dans les animaleries : prix variables; les chats de race sont plus chers que les autres.
• Les amis ou la famille : les chatons ou les chats adultes sans pedigree sont généralement gratuits pour les « bons foyers »; dans le cas des hybrides et des chats de race, le prix peut varier selon les raisons invoquées pour les reloger.

*Une bonne occasion peut se présenter si vous avez entendu parler d'un ami ou d'un voisin dont la chatte a récemment mis bas et qui cherche des foyers d'adoption pour ses chatons.*

# Ce qu'il vous faut

**La vaste panoplie d'accessoires et de produits pour chats offerts sur le marché peut aisément confondre le propriétaire novice ou éventuel. Or, plusieurs de ces articles ne sont tout simplement pas essentiels. Tant que votre chat est au chaud, qu'il a une place confortable, sécurisée et tranquille où dormir, qu'il est nourri régulièrement, qu'il dispose constamment d'eau propre et fraîche, qu'il a un endroit approprié pour faire ses besoins et qu'il a quelques jouets pour s'amuser, il sera parfaitement heureux.**

---

## Les gamelles

Votre chat devrait avoir une écuelle pour sa nourriture et un bol pour l'eau qui lui soient propres, posés sur une carpette lavable ou du papier journal qui permettra de recueillir ce qui débordera.

## Le bac à litière et la litière

Un bac à litière est essentiel même si vous permettez à votre chat d'aller dehors. Il y a deux modèles de base – ouvert et couvert. Les modèles couverts empêchent que la litière soit projetée à l'extérieur du bac; en outre, ils contiennent mieux les odeurs et accordent plus d'intimité au chat. Toutefois, certains chats détestent être confinés et n'utiliseront qu'un bac ouvert.

Choisissez un bac assez grand pour votre chat et assez profond pour contenir une bonne épaisseur de litière – les chats préfèrent enterrer complètement leurs besoins, sans mouiller ou souiller leurs pattes. En doublant l'intérieur du bac avec du papier journal, vous simplifierez son nettoyage. En installant le bac sur du papier journal ou un morceau de prélart, il sera plus facile de ramasser les granules qui s'en échapperont. Il existe une grande diversité de litières, dont les coûts, l'efficacité et la capacité d'absorption des odeurs sont variables.

## Le panier et le coussin

Il existe de nombreux modèles de paniers à chat. Des couvertures, du molleton, un coussin ou un vieil oreiller, de même que le molleton vétérinaire pour animaux, sont tout indiqués pour fournir à votre chat un bon lit bien isolé. Ce que vous achèterez dépendra surtout de l'apparence et du prix. Lavez régulièrement la literie pour en extraire la saleté et prévenir l'apparition de puces.

## Les jouets

Jouer avec votre chat sera gratifiant pour vous comme pour lui. Ce sont surtout les chatons qui jouent; s'ils apprennent à s'amuser avec des jouets quand ils sont petits, ils continueront probablement

*Les sortes de litière comprennent (dans le sens des aiguilles d'une montre en partant du haut) les boulettes d'argile, le gravier fin à consistance de grès ou de sable, et les granules de bran de scie ou de papier.*

à l'âge adulte. Déplacer les jouets en imitant des proies accroîtra le plaisir de votre chat et votre intérêt. Des mouvements vifs de gauche à droite en face de votre chat, plutôt que des mouvements de haut en bas, l'inciteront davantage à jouer. Des jouets qui bougent imprévisiblement ou très vite, puis qui s'immobilisent sont plus sujets à être « chassés ». De nombreux jouets rembourrés contiennent de l'herbe à chat, qui est irrésistible.

## Le collier et la médaille

Idéalement, votre chat devrait porter un collier réfléchissant ou fluorescent muni d'une médaille d'identification et d'un grelot pour avertir les animaux sauvages et les oiseaux de sa présence. Il existe de nombreux modèles de colliers, mais utilisez-en toujours un qui soit muni d'un raccord élastique ou d'un fermoir de sécurité à détente rapide pour le cas où votre chat s'accrocherait à quelque chose.

## La cage de transport

Pour aller chez le vétérinaire ou à la pension pour chats, vous aurez besoin d'une cage de transport. Choisissez-en une qui soit facile à manipuler et à transporter avec le poids de votre chat à l'intérieur et qui sera munie d'un loquet fiable sur la porte. Il en existe plusieurs types :

• En carton : elles sont peu chères et bonnes à l'occasion, mais elles ne contiendront pas un chat déterminé à en sortir ; en outre, elles sont sujettes à se défaire si elles sont mouillées.

• En fibre de verre : elles sont dotées d'une ouverture frontale, à l'épreuve des courants d'air, sûres, légères et faciles à nettoyer.

• En filet métallique recouvert de plastique : elles sont dotées d'une ouverture au sommet et sont idéales pour les chats qui détestent être enfermés longtemps.

• En osier ou en rotin : elles sont jolies, mais difficiles à nettoyer et peu résistantes.

## La chatière

Une chatière installée dans une porte extérieure ou une fenêtre permettra à votre animal d'entrer dans la maison et d'en sortir à son gré. Il en existe des modèles variés, incluant des dispositifs électromagnétiques et électroniques qui s'ouvrent seulement devant le chat porteur d'un appareil spécial fixé à son collier. Installez la chatière assez bas dans la porte ou la fenêtre pour que votre chat puisse s'y mouvoir à l'aise, mais assez loin de la poignée ou du loquet pour empêcher des cambrioleurs d'atteindre le mécanisme d'ouverture et de s'introduire chez vous.

*Certaines chatières peuvent s'installer dans un mur de brique, ce qui peut s'avérer plus commode que de percer une porte ou une fenêtre.*

## Les traitements antiparasitaires

Vous devrez traiter régulièrement votre chat contre les parasites internes et externes. Les traitements les plus efficaces sont prodigués par le vétérinaire ; ils valent qu'on débourse un peu plus compte tenu de leur efficacité, ce qui n'est pas le cas de nombreux produits vendus en magasin.

# Nourrir votre chat

**Il est essentiel au bien-être de votre chat de lui fournir un régime alimentaire équilibré et la juste quantité quotidienne de nourriture. Comme il existe un vaste choix d'aliments pour chats, il peut s'avérer difficile de choisir ce qui convient le mieux à votre animal. Toutefois, il y a certains éléments nutritifs dont le chat ne peut se passer. Si vous prenez ceux-ci en compte, de même que l'âge, l'état de santé et le mode de vie de votre chat pour acheter sa nourriture, vous aurez la tâche plus facile au moment de décider du régime alimentaire approprié.**

Les chats ont besoin de viande ou d'aliments apparentés, comme le poisson ; ce sont des sources d'éléments nutritifs vitaux pour leur bonne santé. Incapables de survivre à un régime faible en protéines, les chats ont besoin chaque jour de nourriture à base de viande en quantité relativement importante en rapport avec leur poids. Ne donnez pas de nourriture pour chiens à votre chat.

## Les nutriments indispensables

Il importe de s'assurer du juste équilibre des nutriments qu'on donne au chat, parce qu'un excès peut causer autant de problèmes qu'une carence. Il est préférable de lui donner de bons aliments du commerce plutôt que de s'en tenir à un régime maison, parce qu'il est très difficile de mesurer si ce dernier contient tous les nutriments indispensables. Par exemple, un régime composé exclusivement de viande cuite est faible en calcium, en vitamine A et en iode, et de telles carences peuvent causer l'ostéoporose. Par contre, un régime riche en foie peut entraîner un excès de vitamine A, lequel provoquera des excroissances osseuses aux articulations et à la colonne vertébrale qui rendront douloureux les mouvements de votre chat.

### Les glucides

Bien qu'ils puissent digérer les glucides cuits, les chats n'en ont pas besoin parce qu'un régime riche en protéines leur fournit toute l'énergie requise. Toutefois, des aliments comme les céréales à déjeuner peuvent s'avérer une bonne source d'énergie.

### Les vitamines

Il est nécessaire de maintenir un niveau élevé de vitamine A pour le bon fonctionnement des cellules. Les vitamines du groupe B sont importantes pour le bon état du système nerveux central. La vitamine D aide l'organisme à produire du calcium, essentiel au bon état des os et des dents, quoique les besoins du chat soient moins grands que ceux des chiens ou des humains. Le phosphore est indispensable au bon état des os et des dents, tandis que la vitamine E aide à prévenir les dommages cellulaires. La vitamine C n'est pas requise.

### Les protéines

Les protéines de la viande contribuent à la production et à la réparation des tissus de l'organisme, et à la production des hormones. Elles fournissent aussi les acides aminés essentiels.

*Pour qu'ils croissent en bonne santé, les chatons requièrent d'être nourris plus souvent – jusqu'à cinq repas par jour – qu'un chat adulte.*

### Les matières grasses (ou lipides)

Les matières grasses des aliments sont une source concentrée d'énergie et fournissent les acides gras essentiels, d'une importance vitale pour le bien-être global de l'organisme.

### Les fibres

Une carence de fibres dans le régime peut provoquer – particulièrement chez les chats plus vieux et moins actifs – la constipation et d'autres problèmes digestifs. Les légumes cuits et les aliments à base de céréales sont de bonnes sources de fibres.

## Les types d'aliments

Les aliments de marque de bonne qualité sont les plus simples à utiliser. Ils contiennent les nutriments indispensables dans les proportions adéquates. Il existe trois types d'aliments prêts à servir.

• Humides/tendres (en conserve ou en sachet) Les aliments en conserve ont une teneur élevée en eau, sont offerts dans une vaste gamme de saveurs et sont généralement le choix préféré des chats.

• Semi-tendres (en sachet) Contenant souvent des protéines végétales, comme le soja, ces aliments renferment moins d'eau qu'en boîte et il s'ensuit qu'ils se conservent plus longtemps dans l'écuelle sans se dessécher.

• Secs (en sac ou en boîte) Comme ces aliments contiennent très peu d'eau, votre chat aura besoin de beaucoup d'eau pour les accompagner. Leur texture dure et croquante aide à conserver les dents du chat libres de tartre et en bonne condition. Utilisez ce type d'aliments en complément de régime – certains chats y deviennent accros, ce qui peut causer des problèmes urinaires.

## L'alimentation selon l'âge

Il faut adapter le régime alimentaire aux différentes étapes de la vie du chat :

• du sevrage (environ 8 semaines) jusqu'à 12 semaines : 5 petits repas pour chaton par jour, chacun d'environ 25 g ;

• de 12 à 20 semaines : 4 repas quotidiens ;

• de 20 à 30 semaines : 3 repas quotidiens ;

• de 30 semaines à 12 mois : réduisez graduellement à 2 repas quotidiens ;

*L'eau est essentielle à la vie, et votre chat devrait toujours avoir accès à une provision fraîche. Remplissez son bol chaque jour et récurez-le à fond régulièrement.*

• de 12 mois à 8 ans : 1 à 2 repas quotidiens ;

• à partir de 8 ans : 1 à 2 repas quotidiens (ou plus, selon son état de santé) ;

• les femelles enceintes : 2 à 3 repas quotidiens, pour un total de 240 g.

## L'heure des repas

La plupart des gens nourrissent leur chat soit le matin, soit le soir – ou à ces deux moments, selon les besoins ou les préférences de l'animal. Encouragez-le à vider son écuelle en une seule fois plutôt que de laisser des restes exposés à l'air toute la journée. Les aliments humides notamment se gâtent très vite. Vous connaîtrez très tôt la quantité que votre chat absorbe en un repas.

L'obésité des chats étant fréquente, il importe de mesurer la ration quotidienne de votre animal selon les recommandations du fabricant ou du vétérinaire. Les gâteries devraient être comptées à même la ration quotidienne recommandée plutôt que de s'y ajouter.

## Les aliments maison

Beaucoup de chats apprécient les aliments maison, mais il est très difficile d'élaborer un régime bien équilibré sur de telles bases. Des suppléments de vitamines et de minéraux seront certainement requis – consultez votre vétérinaire pour savoir ce qu'il faut donner à votre chat.

# L'environnement domestique

**Pour être en santé, votre chat doit se sentir en sécurité dans son environnement. Il faut faire tout ce qui est en votre pouvoir pour le rendre heureux et le mettre à l'abri du danger. Répondre aux besoins naturels de votre chat vous donnera satisfaction à tous deux.**

## Le confort au foyer

Pour un chat, la chose la plus importante consiste à imprégner son territoire de sa propre odeur, ce qu'il fait en frottant ses joues (siège de glandes odorantes) sur le mobilier et d'autres objets. Les glandes entre ses orteils laissent également un message odorant lorsqu'il fait ses griffes. Les humains ne peuvent sentir cette odeur, mais les autres chats le peuvent et savent qu'il vit là.

Entouré de sa propre odeur, un chat se sent plus en sécurité, mais le ménage à fond de la maison à répétition avec des produits chimiques à fortes odeurs peut masquer ce musc félin. Une telle situation peut rendre le chat anxieux et le pousser à marquer son territoire avec plus de vigueur, jusqu'à l'aspersion d'urine dans la maison.

## Une position dominante

Les chats aiment se percher pour dormir. Vous pouvez aider votre chat à accroître son sentiment de sécurité en lui aménageant des espaces élevés où il pourra prendre ses aises sans être dérangé.

## Le jeu

Les chats ont tendance à être très actifs à l'aube et au crépuscule, parce que c'est alors que leurs proies sont les plus vulnérables. Alors que, d'ordinaire, le crépuscule ne cause pas de problèmes à leurs maîtres, il peut en aller autrement à l'aube. Intégrez à sa routine quotidienne d'autres périodes de la journée où vous lui donnerez de l'attention.

## L'interaction

Certains chats seront plus indépendants et distants que le souhaitent leurs maîtres. Les chats qui ont peu besoin de contacts sociaux peuvent apprendre à tolérer l'attention de leurs maîtres, mais ils ne paraissent jamais l'apprécier ; en conséquence, il vaut mieux s'en contenter et accepter leur désir d'être laissés à eux-mêmes. D'autres chats (tels le Siamois et le Birman) recherchent activement la compagnie humaine et manifestent des signes de détresse quand ils ne reçoivent pas assez d'attention.

*Les escaliers permettent aux chats de prendre de la hauteur quand ils sont inquiets. Une fois perchés, ils peuvent alors jauger la situation et déterminer si ce qu'ils ont perçu constitue une menace.*

## L'harmonie à l'extérieur

Si votre chat a accès à un environnement extérieur sécurisée, il aura alors tout pour lui – la liberté de rôder comme la nature l'a voulu et un foyer où l'attendent à son retour un lit chaud et de la nourriture. Si vous permettez à votre chat d'aller dehors, vous devez tenir compte des voisins, de sa sécurité et des conséquences sur les animaux sauvages des environs.

Pour toutes ces raisons, il peut valoir la peine de construire un vaste enclos extérieur muni d'un abri. Votre animal sera en sécurité et en mesure de profiter des bienfaits du grand air, alors que vos voisins seront heureux et que les oiseaux des alentours seront aussi en sécurité.

## La sécurité à l'extérieur

- **Les poisons** Gardez les produits chimiques comme l'essence, l'antigel, les herbicides et les pesticides, sous clé. La plupart des chats éviteront les plantes vénéneuses, mais les chatons peuvent en être victimes. Enlevez toute plante dangereuse – votre vétérinaire peut vous conseiller à cet effet. Comme les chats peuvent s'empoisonner aussi en mangeant des proies contaminées (animaux ou oiseaux), débarrassez-vous de tout animal mort.
- **L'empoisonnement par un crapaud** Les chats capturent des grenouilles et, à l'occasion, un crapaud, mais c'est à leurs dépens. Les crapauds exsudent en effet une substance infecte et toxique quand ils sont menacés. Si votre chat secoue la tête avec frénésie, en salivant et en tripotant sa gueule, consultez immédiatement un vétérinaire.
- **Les morsures de serpent** Consultez votre vétérinaire de toute urgence si vous soupçonnez votre chat d'avoir été mordu par un serpent venimeux.
- **La noyade** Les réservoirs d'eau de pluie peuvent s'avérer fatals pour des chats trop curieux. Assurez-vous de la stabilité des couvercles et lestez-les.

# Vivre dans la maison

Comme la vie urbaine devient de plus en plus dangereuse pour les chats, plusieurs personnes préfèrent garder leur chat à l'intérieur. L'ennui peut devenir un sérieux problème pour les chats d'intérieur et une cause fréquente de troubles du comportement. Si la routine à l'intérieur de la maison est correctement établie, vos efforts seront récompensés dans la mesure où vous stimulerez votre chat, lui ferez faire de l'exercice et l'amuserez.

## La sécurité dans la maison

Même si vous pensez que votre foyer est plus sûr pour votre chat que les grands espaces, quelques risques pourraient menacer son bien-être.

- **Les surfaces de cuisson** Les chats s'entêtent à sauter sur tout et, les surfaces de cuisson ne faisant pas exception, ils risquent de s'y brûler les pattes. Gardez votre chat à l'extérieur de la pièce quand vous cuisinez et assurez-vous que la surface de la cuisinière a refroidi avant de le réadmettre.

*Regardez toujours sous votre voiture avant de la mettre en marche. Les chats ont tendance à se réfugier sous les véhicules immobilisés et, s'ils peuvent y grimper, à se rouler en boule bien au chaud sous le capot des autos stationnées.*

- **Les machines à laver et à sécher /congélateurs/réfrigérateurs** Vérifiez à l'intérieur avant de refermer la porte.
- **Les nettoyeurs liquides et les détergents** Assurez-vous que votre chat n'y a pas accès.
- **Les rafraîchisseurs de tapis en poudre** Comme les chats peuvent développer des problèmes aux pattes, ainsi que des problèmes cutanés et respiratoires à cause de ces produits, évitez-les.
- **Les fils électriques** Ils peuvent s'avérer fatals au chat qui les mâchouille. Veillez à ce qu'il y en ait le moins possible dans les pièces fréquentées par votre chat.
- **Les accessoires de couture** Gardez les aiguilles, le fil, les boutons et les bandes élastiques hors de portée de votre chat.
- **Les médicaments** Conservez-les dans une armoire ou un tiroir afin que votre chat n'y ait pas accès.
- **L'eau chaude** Gardez votre chat hors de la salle d'eau quand vous faites couler un bain, de peur qu'il ne saute ou tombe dans l'eau chaude ; faites d'abord couler l'eau froide et ajoutez l'eau chaude ensuite.

# L'accueil d'un nouveau chat

**Avant d'introduire un nouvel animal de compagnie dans votre foyer, vous devez préparer le grand événement afin que tout se déroule en douceur, sans anicroche ni stress, pour tous les êtres impliqués. En établissant d'avance la date de votre prise en charge du chat, vous aurez le temps de songer à tout ce qu'il faut.**

## Le moment opportun

Attendez d'avoir du temps libre (ou prenez une semaine de congé) pour apporter votre chat à la maison, afin d'être sur place pour l'aider à s'installer. C'est particulièrement important dans le cas d'un chaton. Vous aurez pour tâche de lui tenir compagnie, de lui montrer où se trouvent sa nourriture, son eau et le bac à litière (quitte à l'y entraîner au besoin), et de le présenter aux autres membres de la maisonnée.

Réservez une pièce où le chat se sentira en sécurité un jour ou deux, le temps qu'il s'acclimate ; placez-y ses bols pour la nourriture et l'eau, sa litière, son panier et des jouets. Veillez à informer le reste de la famille de ne pas le déranger quand il est dans cette pièce pour lui donner la chance de s'adapter à son nouvel environnement.

Si vous ne pouvez disposer d'une telle pièce, aménagez un enclos dans la partie la plus tranquille de la maison et faites-en un « sanctuaire » pour les premiers jours du chat chez vous.

## Les préparatifs

Quelques jours avant de prendre livraison de votre chat, apportez chez l'éleveur la literie qui sera la sienne afin qu'il s'y habitue. Son odeur, ou celle de sa mère et des autres chatons de la portée, l'imprégnera et il se sentira déjà un peu chez lui dans son nouvel environnement. Apportez deux ou trois coussins ou couvertures pour le cas où il « s'oublierait » pendant le transport.

Achetez les accessoires dont vous aurez besoin (consultez les pages 18-19), notamment une cage de transport solide. Renseignez-vous auprès de l'éleveur ou du propriétaire à propos du type de nourriture et de litière auxquels le chat est habitué, de la fréquence de ses repas et de la quantité de nourriture à lui offrir.

Sur place, installez la literie dans la cage, mettez le chat à l'intérieur et verrouillez bien la porte. Assurez-vous que le précédent propriétaire vous remette tous les documents pertinents en règle (reçu, certificat de pedigree, enregis-

*Quand vous présentez les enfants et vous-même au chat, asseyez-vous par terre afin de paraître plus petits et ainsi d'être moins menaçants pour lui.*

*De nombreux chats s'installent à l'écart de l'animation pour observer leur nouvel environnement et les gens ; n'empêchez pas votre chat d'agir ainsi et ne le tirez pas d'un endroit où il se sent en sécurité.*

trement et transfert de propriété, preuves de vaccination). En outre, emportez un peu de sa litière usagée pour la mêler à celle de son nouveau bac.

## Le transport jusqu'à la maison

Fixez la cage sur la banquette arrière de l'auto à l'aide d'une ceinture de sécurité, ou sur le plancher. La température intérieure du véhicule devrait être modérée et l'air devrait circuler suffisamment pour que le chat soit à l'aise ; trop de chaleur peut s'avérer fatal pendant un long voyage. À l'aide d'un biberon pour animal, offrez-lui de l'eau à intervalles réguliers si vous parcourez une grande distance. Même si le chat proteste contre son séjour prolongé dans la cage, ne succombez pas à la tentation de l'en faire sortir. Parlez-lui, rassurez-le pour l'aider à prendre son mal en patience.

## L'arrivée à la maison

Transférez le chat directement de la cage à la pièce ou à l'enclos que vous lui avez réservé. Consacrez-lui quelques minutes pour le rassurer avant de refermer la porte. Ne le dérangez pas pendant une heure ou deux, le temps qu'il se calme. Quand vous permettrez au chat de sortir pour explorer le reste de la maison, laissez la porte de la pièce ou de l'enclos ouverte afin qu'il puisse réintégrer son sanctuaire. Faites en sorte que les enfants se comportent calmement et gentiment en sa présence – ne les laissez pas trop le prendre jusqu'à ce qu'il se soit familiarisé avec eux. Laissez le chat vous flairer et découvrir son nouvel environnement à loisir ; le nourrir vous aidera à établir un premier lien.

Après ce premier contact, remettez le chat dans son sanctuaire pour la nuit. Consultez les pages 37 à 39 pour des informations détaillées relatives à la socialisation de votre nouveau chat avec les gens, d'autres chats et d'autres animaux.

## L'installation

Gardez votre chat dans sa pièce ou son enclos durant la première semaine (laissez-le sortir pour faire de l'exercice et poursuivre graduellement son acclimatation) avant de lui accorder le libre accès à toute la maison. Nourrissez-le et jouez avec lui à périodes fixes pour établir une routine qui le guidera et renforcera votre relation avec lui.

Ne laissez pas sortir votre chat avant deux ou trois semaines, suivant son caractère, sinon vous risqueriez de ne plus jamais le revoir. Les chats amicaux et décontractés sont susceptibles de mieux s'adapter à leur nouveau foyer que les timides. Une fois que le chat se sentira chez lui, déplacez son panier et sa litière à leurs emplacements permanents respectifs et montrez-les lui. Vous pouvez aussi, graduellement, l'habituer au port d'un collier.

# LE COMPORTEMENT FÉLIN

Les chats ont un langage bien à eux. Toutefois, si on les observe bien attentivement, on finit par obtenir un tableau détaillé de leur langage et de leurs mouvements corporels, qui aide à deviner ce qu'ils ressentent, ce qu'ils attendent de nous et ce dont ils ont besoin. En faisant l'effort de saisir ce que votre chat vous dit, vous le comprendrez mieux et vous serez davantage en mesure de lui offrir la meilleure vie possible. De nombreux chats sont maltraités ou négligés parce que leurs maîtres ne comprennent pas ce qu'ils leur disent. Puisque nous sommes des êtres intelligents, il est de notre responsabilité d'apprendre le langage des animaux que nous adoptons.

# Le langage corporel

Les chats communiquent au moyen d'une vaste gamme de mimiques, de sons et de postures. Beaucoup de gens parlent à leur chat, et, parfois, maître et animal paraissent se comprendre mutuellement. Les chats possèdent un vocabulaire universel considérable et des observateurs ont tenté d'interpréter exactement ce qu'ils disent ; vous aussi, vous pouvez apprendre à comprendre les messages que votre chat vous adresse.

## Amical

*La queue levée et recourbée en signe de bienvenue, la patte levée, ce chat s'approchera dès qu'il sera sûr qu'il peut le faire sans danger, puis il se frottera contre une personne ou un autre animal afin de se lier d'amitié au plus vite.*

## Décontracté

*Ce chat a replié ses pattes avant sous lui, car il sait qu'il n'en aura pas besoin. Ses pattes arrière sont étendues. Il a ainsi adopté une posture vulnérable qu'un chat tendu et inquiet n'aurait pas prise. Ses oreilles dressées et ses yeux grands ouverts indiquent que quelque chose a attiré son attention.*

## Enjoué

*Ce chat qui joue est détendu.*

## Anxieux et inquiet

*La queue de ce chat est repliée sous lui, à l'abri, et son poids porte sur ses pattes arrière, signe qu'il est prêt à fuir ou à attaquer avec ses griffes de devant. Ses oreilles et ses moustaches sont retroussées vers l'arrière afin de ne pas le gêner s'il doit se battre. Il regarde vers le haut, à la recherche d'un endroit élevé plus sûr. Il miaule avec force, appelant à l'aide.*

## À l'affût

*Ce chat est tout à fait immobile. Ses yeux grands ouverts pour capter le maximum d'informations visuelles sont fixés sur sa proie. Il pointe ses oreilles pour capter le maximum d'informations sonores afin de localiser exactement sa proie. L'arrière-train ramassé, il est prêt à bondir (il se tassera encore sur lui-même en remuant légèrement juste avant d'exécuter le bond).*

## Cherchant à attirer l'attention ou affamé

*Si ce Manx avait une queue, il la lèverait en guise de salut. Les oreilles dressées, l'expression alerte, il se tient droit et la tête haute dans un effort pour se rapprocher du visage de quelqu'un afin de capter son attention – soit pour se faire flatter, soit parce qu'il a faim. Quand il adopte cette posture, le chat s'enroule aussi autour des jambes de la personne, se frotte contre elle et accompagne ses mouvements de la voix (depuis le miaulement strident jusqu'au « gazouillis ») pour ne rien laisser au hasard.*

## Méfiant

*Tapi, l'arrière-train abaissé, la queue blottie sous lui, ce chat est prêt à s'enfuir. Quelque chose qu'il a vu ou ressenti l'inquiète : ses traits sont tendus et alertes. Ses oreilles sont dressées pour capter toute information sonore.*

## Soumis

*Ce chaton s'aplatit au sol pour se rendre aussi insignifiant que possible. Il ne riposte pas, mais il est prêt à fuir, si nécessaire. Il a repoussé ses oreilles vers l'arrière pour les mettre hors de danger.*

# Le comportement à la maison

Ce qui constitue le comportement normal d'un chat est instinctif. Des façons d'agir et de se comporter propres aux félins peuvent intriguer, mais il importe de comprendre qu'elles ont toujours leur raison d'être : c'est essentiellement pour que le chat se sente en sécurité et à l'aise dans son environnement domestique. Aussi apprivoisé que puisse paraître votre chat, vous devez garder en tête que, au fond de lui-même, il demeure un animal sauvage.

*Ce grattoir (ou griffoir) est trop petit pour être utilisé adéquatement. Les chats préfèrent s'étirer de toute leur longueur afin de peser de tout leurs poids quand ils s'agrippent et griffent la surface de haut en bas.*

## La chasse

L'instinct seul du chat ne lui permet pas de savoir traquer et tuer une proie ; quand il est chaton, il développe sa technique de chasse en observant et en imitant sa mère. Si de telles habiletés ne lui ont pas été montrées, il pourra capturer une proie quand il sera plus âgé, mais il ignorera comment la tuer. Il y a plusieurs raisons qui poussent les chats à « jouer » avec leurs prises.

- Le chat est un chasseur inexpérimenté et, par conséquent, un piètre tueur. Il peut capturer une proie, mais sans savoir comment lui administrer le coup de grâce.
- Le chat affaiblit ainsi sa proie, laquelle pourrait le mordre pour se défendre, avant de se pencher sur elle pour l'achever.
- Il peut ramener à la maison une proie à demi morte destinée à son maître – perçu comme un compagnon de litière – afin que ce dernier s'en serve pour développer ses propres habiletés de chasseur, de la même manière qu'une chatte en rapporterait une à ses chatons pour qu'ils s'exercent à la chasse.

Il est évident que les chats domestiques n'ont pas besoin de chasser pour manger puisque leurs maîtres les nourrissent, mais ce n'est pas le cas des chats retournés à l'état sauvage (les harets) et des chats sauvages, d'où leur besoin de se « garder à jour » en ce domaine. Il est impossible de défaire ce que l'évolution a raffiné durant des millions d'années et, à moins de garder votre chat à l'intérieur ou en cage quand il est dehors, vous ne pourrez pas faire grand-chose pour lui interdire de chasser.

## La chasse transférée

Certains chats, tels le Cymric, l'Ocicat et le Persan, ont un instinct de chasseur plus développé que d'autres. S'ils sont confinés dans la maison, ils sont susceptibles de reporter leur attention sur d'autres choses qui bougent autour d'eux ; ainsi, les adultes, les enfants ou d'autres animaux deviendront leurs cibles. Parfois, des poursuites simulées et des morsures « de jeu » feront partie des interactions sociales ; dans ce cas, les morsures seront bénignes. En d'autres temps cependant, les chats afficheront un réel comportement de prédateur et, le but étant de capturer et de tuer une proie, ils pourraient infliger de sérieuses blessures à leur infortunée victime.

Pour résoudre le problème, il faut donner à votre chat l'occasion d'aller chasser dehors ou de jouer avec des jouets qu'il « mettra à mort ». Au demeurant, que des chats puissent s'en prendre à des membres de la famille démontre combien l'instinct du chasseur est profondément enraciné en eux.

## Le sommeil

Les chats passent une bonne partie de leur vie à dormir. Comme prédateurs, ils n'ont pas besoin de consacrer beaucoup de temps à se nourrir et, conséquemment, ils peuvent se permettre de se reposer le reste de la journée. Pour conserver leur énergie et réduire le temps dévolu à la chasse, les chats aiment dormir en des lieux chauds et confortables. Ils préfèrent les courtes siestes aux longues périodes de sommeil. S'ils sont assez détendus pour sombrer dans le sommeil profond, leur activité cérébrale est identique à la nôtre quand nous rêvons. Durant ces périodes, leur corps est secoué de petits mouvements nerveux, ce qui permet de conclure qu'ils rêvent aux activités du jour, tout comme nous. Une trop longue privation de sommeil profond peut les rendre malades.

Pendant son sommeil, l'ouïe d'un chat s'avive plus encore qu'à l'état d'éveil afin de le prévenir de tout danger. Quand ils dorment sur nos genoux et s'éveillent brusquement à l'approche de nos mains, la plupart des chats réalisent aussitôt qu'il s'agit seulement de leur maître qui les caresse. Toutefois, certains chats réagissent impulsivement et peuvent griffer ou mordre dans un réflexe d'autodéfense.

## L'affûtage des griffes

Les chats sont munis de griffes coupantes comme un rasoir et recourbées à leur extrémité pour leur procurer une bonne prise sur les proies et leur permettre de grimper à l'abri du danger. Normalement rétractées pour les garder coupantes, le chat sort ses griffes de leur gaine de peau quand il en a besoin pour capturer une proie ou grimper.

Les griffes poussent continuellement et doivent être taillées. Périodiquement, la vieille griffe doit être ôtée pour libérer la griffe neuve et coupante qu'elle cache. Pour ce faire, le chat se fait les griffes, ou les affûte, sur une surface appropriée. L'affûtage se fait aussi à des endroits stratégiques, de manière à laisser des marques odorantes. Dans la cour, les arbres sont des outils d'affûtage privilégiés, tandis que, dans la maison, les meubles sont souvent la cible de ces séances – à moins qu'on ait fourni et enseigné au chat à faire usage d'un grattoir ou d'un griffoir adéquat.

## Des postes d'observation élevés

La plupart des membres de la famille des chats se servent des arbres et d'autres lieux élevés comme position avantageuse pour se sentir en sécurité, manger et se reposer, et comme cachette d'où ils bondiront et attaqueront la proie qui, ne se doutant de rien, passe en dessous. Les chats sont munis de griffes coupantes et recourbées qui leur permettent de s'agripper vite et bien à presque toutes les surfaces verticales rugueuses. Redescendre de ces lieux

*Les chats observent souvent les oiseaux par la fenêtre et exécutent parfois certains mouvements pour les attraper. Il leur arrive même de claquer des dents à l'intention des oiseaux, comme s'ils étaient frustrés de ne pouvoir leur mettre la patte dessus.*

*En ce moment, le chat est détendu et enjoué, mais à l'extérieur, il est un redoutable chasseur. S'il manipulait sa « proie » pour lui donner le coup de dents final, il serait au-dessus d'elle et la clouerait au sol.*

élevés est plus problématique, parce que leurs griffes leur fournissent peu de support. C'est pourquoi les chats redescendront souvent à reculons par petits bonds (un peu à la manière des ours) avant de se retourner pour sauter par terre.

## Le jeu

Les chats s'amusent avec des jouets (et les uns avec les autres dans certains cas) pour le plaisir, et, plus important encore, pour développer leurs habiletés de chasse et d'autodéfense, ou pour les raffiner. Par le jeu, les chatons s'exercent à des habiletés sociales, prédatrices et défensives en vue de leur vie adulte. Ils apprennent à transporter dans leur gueule des petits jouets, ou les proies rapportées par leur mère, et à les défendre contre leurs congénères en grondant ; si cela ne suffit pas à les dissuader, ils passeront à l'attaque. Avec l'âge, le désir de jouer et de chasser diminue progressivement jusqu'à ce qu'ils se contentent de s'asseoir ici ou là et de somnoler la plupart du temps.

## Les besoins naturels

S'ils n'ont pas l'intention de laisser de messages odorants, les chats préfèrent enterrer leurs déchets. Creuser pour faire leurs besoins puis tout enterrer les assurent que la zone reste propre et ne signale pas leur présence. Les chats agissent ainsi depuis leur tout jeune âge, aussitôt qu'ils ont quitté le foyer maternel, pour peu qu'ils trouvent une surface facile à creuser. Ils préfèrent les matières propres et sèches, plus faciles à creuser ; c'est pourquoi ils apprécient tant le sable et la terre fraîchement retournée, au grand déplaisir des jardiniers et des parents dont les enfants ont un bac à sable.

Les chats préfèrent se cacher quand ils font leurs besoins. Ils rechercheront donc un lieu à l'écart où ils ne seront ni dérangés ni vulnérables. Par conséquent, il importe d'installer le bac à litière dans un endroit tranquille ; s'il est placé dans un lieu trop fréquenté, le chat pourrait être tenté de se soulager derrière les meubles ou dans un endroit encore plus inaccessible. Les chats détestent les litières souillées et mouillées, et se soulageront ailleurs plutôt que de les utiliser.

## Les messages odorants

L'odorat du chat est très développé. Les chats utilisent des messages odorants pour communiquer à distance. Ces messages subsistent dans l'environnement pendant un certain temps, informant ainsi les autres chats et animaux de leur présence. En plus de frotter les glandes odorantes de leur museau et de leurs pattes pour marquer leur territoire, ils utilisent leur urine et leurs selles à cette fin.

Après avoir inspecté un message odorant, un chat y ajoutera le sien. Si celui qui l'a laissé est familier et sans animosité, un message odorant facial suffira. Toutefois, si un message plus senti est nécessaire, le chat optera pour des coups de griffe ou l'aspersion d'urine qui masqueront l'odeur de l'intrus. Par les messages odorants urinaires et déféqués, les chats peuvent savoir l'âge, le sexe et l'état de santé de leurs auteurs, et même ce qu'ils ont mangé récemment.

## L'hygiène personnelle

Le toilettage remplit des fonctions aussi importantes que nombreuses pour la santé du chat. En plus de garder le pelage et la peau en saine condition, le léchage améliore les vertus isolantes du poil par temps froid et aide à le débarrasser des parasites. En outre, en lissant sa fourrure par temps chaud, le chat l'humecte de sa salive et se rafraîchit. S'il est trempé, le chat s'asséchera lui-même, car une robe mouillée ne lui assure pas l'isolation requise. Le toilettage joue aussi un rôle dans les relations entre chats ; le chat dominé s'efforce de toiletter l'animal plus sûr de lui.

## L'exploration

Pour maintenir sa santé physique et mentale, il est important que le chat connaisse bien son territoire. Il agit ainsi pour savoir où sont les meilleures sources de nourriture, où se cachent les ennemis possibles et s'il faut signaler à un intrus de déguerpir. Les chats explorent leur territoire régulièrement et inspecteront la moindre de ses modifications.

## L'interaction féline

Pour les chats qui ne se lient pas facilement à d'autres, il peut s'avérer difficile de faire face à des congénères qui ne sont pas de la maison mais dont le territoire empiète sur le leur. Les querelles territoriales entre chats sont fréquentes dans les zones urbaines surpeuplées. Pour se tirer d'affaire dans de telles situations de surpopulation, des chats optent pour la « garde partagée » du territoire en laissant des messages odorants qui signalent que telle ou telle partie est temporairement occupée.

Par ces messages et par sa connaissance des autres félins du voisinage, un chat peut savoir quand un autre chat est passé par là, qui il est, et s'il peut s'aventurer sans danger ou s'il est préférable d'attendre un peu, voire de prendre une autre direction. Des face-à-face ont lieu à l'occasion, mais ils ne produisent habituellement rien de plus que des intimidations félines et un match nul jusqu'à ce que le chat le plus faible batte en retraite.

## Se cacher

Bien qu'armés de griffes et de dents, les chats sont de petite taille. Par conséquent, il est salutaire pour eux d'éviter les ennuis dans la mesure du possible. Se cacher en cas de menace est une bonne stratégie. Souvent les chats domestiques détaleront, se cacheront et ne bougeront pas s'ils ne peuvent pas grimper ou quitter les lieux dans l'espace confiné d'une maison. Les chats timides préfèrent les paniers de type iglou dans lesquels ils peuvent se rouler en boule et, ainsi, se sentir en sécurité.

*Même dans son univers domestique douillet, l'instinct du chat le pousse à débusquer ses rivaux sur le plan alimentaire et auprès des femelles, car telle est la loi de la survie dans la nature.*

# Le territoire

**Les ancêtres de nos chats domestiques ne chassaient pas en groupe ; chasseurs solitaires, ils patrouillaient dans un territoire qui leur fournissait la nourriture dont dépendait leur survie. Même si nos animaux de compagnie sont bien nourris par nos soins et qu'ils n'ont nul besoin de chasser, ils n'ont pas perdu cette habitude de délimiter un territoire qu'ils peuvent considérer comme le leur. Pour eux, ce territoire représente la sécurité et une réserve de nourriture pour le cas où les humains failliraient à la tâche.**

## L'étendue

Dans un environnement urbain, un matou choisira le plus vaste territoire qu'il peut revendiquer et défendre, ce qui inclura probablement plusieurs cours voisines. Dans les régions rurales, cette aire peut couvrir jusqu'à 1,5 kilomètre carré, sinon davantage. D'ordinaire, les chats domestiques considèrent la maison comme leur territoire qu'ils partagent avec les humains de la maisonnée et dont certains lieux stratégiques sont réservés à leur usage ou aux autres. Ils accepteront qu'on leur interdise certains lieux, à tout le moins quand le maître est présent, mais réclameront tel fauteuil ou coussin pour eux, sauf si un membre dominant de la maisonnée les en chasse.

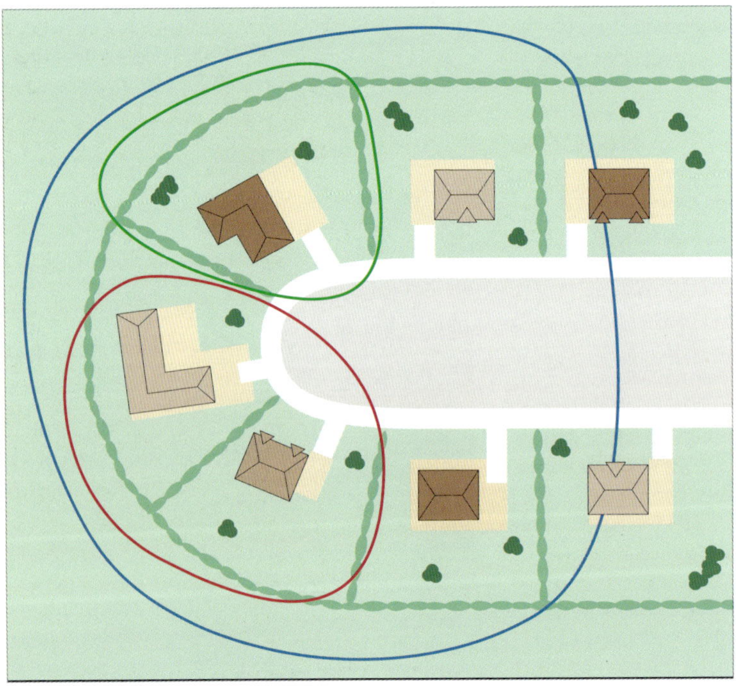

*Vue schématique de territoires félins. Le périmètre des matous couvre une surface plus grande que celle des femelles ou des chats émasculés.*

territoire d'un matou

territoire d'un chat émasculé

territoire d'une femelle

*Ce chat marque un buisson de son territoire en l'aspergeant d'un peu d'urine. Il se hausse tant qu'il peut pour viser le plus haut possible afin que son message soit à hauteur de nez et, conséquemment, impossible à ignorer pour les autres chats.*

Dehors, les chats revendiquent une aire qu'ils peuvent défendre contre d'autres chats du voisinage. Ce territoire ne correspond pas nécessairement aux divisions humaines des propriétés (maisons et cours), car il peut inclure des espaces qui débordent ces limites. Un chat nouvellement arrivé qui découvre que la cour de sa propre maison est déjà revendiquée et qui ne parvient pas à en chasser les prétendants peut fort bien réclamer et occuper un territoire à quelques portes de chez lui.

Dans les zones densément construites où il n'y a pas de cour, le territoire extérieur d'un chat peut se réduire à aussi peu qu'une section de toit ou un rebord de fenêtre.

## Le marquage

Outre les messages odorants qu'il émet par son museau et ses pattes, le chat utilisera souvent son urine pour un message plus appuyé, notamment quand il revendique un territoire. En général, les mâles aspergent de gouttelettes d'urine à très forte odeur tout objet approprié qui jalonne le périmètre de l'aire revendiquée. Le matou examine un poteau ou un arbuste pour savoir qui est passé par là avant lui, puis il lui tourne le dos et lève la queue. Ensuite, après avoir pédalé deux ou trois fois avec ses pattes arrière, il urine haut et avec précision sur l'objet. Parfois il se retournera pour examiner sa signature, ou il reculera pour frotter sa queue et son arrière-train sur la zone humectée ; parfois un matou se retournera pour flairer sa marque et y ajouter celle de ses griffes.

Les femelles aussi développent parfois l'habitude de l'aspersion. Quelques-unes adoptent même la position typique du mâle pour diriger un fin jet d'urine vers l'arrière.

## La défense du territoire

Si un chat est menacé par un autre chat ou un animal d'une autre espèce dans son territoire, il arrive ce qui s'ensuit.

- Le chat fige sur place et fixe l'intrus ; il lève la queue et la remue lentement d'un côté à l'autre. Ses moustaches et ses oreilles se pointent vers l'avant, tandis que son nez se met à palpiter alors qu'il cherche à identifier la nature de la menace.
- Si l'intrus approche, le chat change de posture. Le bout de sa queue se courbe vers le sol, il rentre le menton et ses oreilles s'aplatissent au moment où il se tourne lentement sur le côté. Graduellement, le dos s'arque et les poils du dos et de la queue se hérissent jusqu'à ce que le chat ait pris sa posture agressive dans une tentative pour repousser l'intrus.

• Cette démonstration intimidante se poursuit si l'intrus continue d'approcher. Le chat fixe l'ennemi, mais se tourne de côté pour lui présenter sa masse la plus grande et la plus redoutable. Ses pattes postérieures sont tendues et prêtes à bondir pour attaquer ou fuir. Il se balance sur une patte antérieure, alors que l'autre est levée toutes griffes dehors et prêtes à frapper. Il montre les dents en feulant.
• Si l'importun bat en retraite, l'agresseur peut s'avancer de quelques pas, claquant des mâchoires et salivant, tout en continuant de gronder.
• La menace disparue, le chat flaire le sol qui a été envahi, puis le marque de sa propre odeur.

Si aucun des chats ne cède et qu'un combat s'ensuit, c'est souvent une lutte vive, féroce et très bruyante, où chacun des adversaires cherche à infliger le maximum de dommages à son rival en utilisant tant ses dents que ses griffes.

*Dans cette querelle territoriale, les deux chats refusent de céder le terrain. Le chat perché sur la clôture est en position de force et pourrait être le seigneur du territoire, ce qui accroît sa puissance. Il arrive à l'occasion que des chats restent sur leurs positions pendant des heures, jusqu'à ce que l'un d'eux se décide enfin à battre en retraite.*

*Quand un chat adopte cette posture hostile, cela signifie qu'il est vraiment inquiet de ce qu'il a vu ou de ce qui l'approche. En hérissant les poils et en arquant le dos, il se montre plus gros qu'il ne l'est dans le but de faire fuir l'ennemi.*

# La socialisation

Intégrer un chat à un foyer s'avère plus simple s'il n'y a pas d'autres animaux. S'il y en a, il est possible de réussir à les socialiser, à la condition de procéder comme il se doit et d'être patient.

## La socialisation avec les gens

Quand vous vous procurez un chat, il importe que, au début, vous le laissiez venir vers vous plutôt que de vous imposer à lui. Il vaut mieux agir ainsi afin que le chat ne se sente pas menacé. Nourrissez-le comme il se doit et assurez-vous qu'il dispose d'endroits confortables, protégés et chauds pour se reposer : c'est la meilleure façon de vous attirer ses bonnes grâces.

Les chats bien traités depuis la naissance et élevés dans une atmosphère chaleureuse, amicale et détendue sont généralement plus sociables et s'adaptent plus facilement que les autres. La fréquence et la qualité des contacts sociaux qu'un chaton aura entre l'âge de deux et sept semaines détermineront sa façon d'interagir avec les gens plus tard au cours de sa vie. De bonnes expériences survenues durant sa tendre enfance produiront un chat amical et avenant.

## Le respect dû à votre chat

Des chats apprécient hautement la présence humaine, d'autres pas. Certains chats sont amicaux durant de brèves périodes et passent seuls le reste de la journée à s'occuper d'autres choses. Il faut donc découvrir ce que votre chat préfère et respecter ses préférences de manière à établir et à profiter de la relation harmonieuse qui en naîtra. Si vous avez besoin de contacts très étroits avec votre chat, choisissez une race ou un type de chat reconnu pour rechercher ce genre de relation.

Certains chats restent à l'écart des humains parce qu'ils ne leur font pas confiance à la suite de piètres expériences de socialisation quand ils étaient chatons. De tels chats sont timides, mais, d'ordinaire, ils peuvent être lentement amenés à se montrer plus amicaux et, par conséquent, plus affectueux, pour peu que l'on use de patience et de douceur.

Souvent malgré eux, les enfants peuvent devenir une source de malaise pour les chats. Ils peuvent être trop bruyants, trop rudes, trop actifs, parfois même cruels – bref, ils sont trop ceci ou cela pour que le chat puisse en venir à bout. Pour cette raison, il importe d'éduquer vos enfants à respecter les animaux de compagnie et à les traiter comme ils souhaitent qu'on les traite eux-mêmes.

La façon de manipuler votre chat a aussi un effet majeur sur ses réactions. Pour des informations détaillées sur la manipulation et l'interaction, consultez les pages 50-51.

*Comme il faudra du temps pour que votre chat connaisse les membres humains et animaux de la maisonnée et leur fasse confiance, laissez-le les approcher de sa propre initiative.*

*La cage demeure la méthode la plus sûre pour présenter deux chats l'un à l'autre ; alternez l'occupant de la cage d'une rencontre à l'autre.*

## L'intégration avec d'autres animaux

La plupart des chats, particulièrement les chatons, s'intégreront bien avec les autres animaux du foyer (à condition que ceux-ci aussi soient bien socialisés), si on leur accorde un peu de temps pour s'adapter. Quand vous introduisez un nouveau chat chez vous, transférez sur lui les odeurs de vos autres animaux ; cela pourrait faciliter la bonne marche du processus de présentation et de socialisation. Procédez en frottant la literie de vos animaux sur le chat ou essayez de prélever des échantillons de fluide de leurs glandes odorantes faciales avant de les présenter au nouveau venu.

Gardez les autres animaux à l'écart du nouvel arrivant pendant une heure environ, puis mettez-les en présence ; ayez soin de mettre l'un ou l'autre des animaux en cage avant qu'ils soient présentés l'un à l'autre. Ne laissez pas les chiens s'exciter ou japper à proximité du nouveau chat, car il pourrait être effrayé, ce qui constituerait un fort mauvais départ pour leurs futures relations. Habituellement, s'il est bien équilibré et socialisé avec d'autres animaux, le chien perdra bientôt tout intérêt pour le nouveau chat – et d'autant plus vite que vous lui tendrez un jouet ou une gâterie pour lui changer les idées.

## La socialisation avec d'autres chats

La présentation d'un chat à un autre peut nécessiter une approche plus graduelle, car ce ne sont pas des ani-

*À condition d'y mettre le temps et de suivre la séquence de présentation adéquate, même les animaux les plus dissemblables peuvent se lier d'amitié.*

maux qui fraternisent naturellement avec les membres de leur propre espèce. Supervisez toujours les rencontres initiales et n'essayez jamais d'imposer un chat à un autre, peu importe leur âge ; ils s'adapteront l'un à l'autre à leur propre rythme. Quand ils seront face à face, le comportement des deux chats dépendra de plusieurs facteurs :

- l'âge du nouvel arrivant ;
- le sexe du nouvel arrivant ;
- la personnalité du nouvel arrivant ;
- la personnalité du chat résidant.

Quand ils se rencontrent pour la première fois, un chaton et un chat résidant s'inspecteront probablement l'un l'autre nez à nez (c'est pourquoi, peu importe l'âge des chats, il est plus sage que l'un des deux soit enfermé, afin qu'il ne soit fait aucun mal à l'un ou à l'autre). Selon la personnalité du chaton, il peut être effrayé et battre en retraite, ou faire preuve de bravade et même siffler ; le chat plus âgé peut passer outre à ce comportement et simplement renifler le chaton, ou encore devenir menaçant, auquel cas vous devrez vous en mêler. Par contre, si tout se déroule bien, les chats se lasseront bientôt l'un de l'autre et toléreront la présence de l'autre sans plus démontrer d'animosité.

Le cas suivant est digne d'intérêt. Une chatonne nouvellement arrivée ne prenait pas du tout au sérieux les menaces vocales et l'indifférence de la chatte adulte résidante. C'était une jeune femelle sûre d'elle qui voulait jouer et elle harcela tant son aînée qu'elle parvint à ses fins. Un jour, elles devinrent de vraies amies. À tel point que, quand la chatonne vieillit et eut sa première portée, l'autre (une chatte stérilisée) s'improvisa d'elle-même accoucheuse, puis nounou des petits de son amie.

Si le nouvel arrivant est du sexe opposé ou si les deux chats sont stérilisés, les présentations peuvent être plus simples. Toutefois, la personnalité des chats en cause joue un rôle essentiel dans l'intégration. Or, comme c'est un aspect de l'affaire que vous ne pouvez changer, vous devrez faire avec et naviguer en tenant compte des besoins et des préférences individuels de chacun.

*Ce chat est tout à fait détendu et à l'aise dans son environnement, à tel point qu'il ne craint pas de prendre une posture vulnérable à proximité du chien de la maison.*

## Une affaire de temps

Assurez-vous que les animaux résidants ont toute l'attention requise afin qu'ils ne sentent pas que leur sécurité et leur statut dans la maison sont menacés par le nouveau venu. La vie sera plus facile pour tous s'ils conservent leurs lieux de refuge et peuvent y accéder sans être dérangés quand ils en ont besoin. Il peut s'écouler une à deux semaines – davantage si le nouveau venu est un adulte – avant que le chat résidant n'accepte l'autre, mais, tôt ou tard, l'affaire devrait se conclure amicalement. (Consultez les pages 40-41 pour de plus amples informations sur l'introduction d'un deuxième chat.)

# Un deuxième chat ?

Plusieurs propriétaires de chat décident de s'en procurer un autre, adulte ou chaton, pour que le premier ait un ami et de la compagnie quand ils sont absents. Bien que l'intention soit très louable, la réalité l'est souvent moins parce le chat résidant n'est pas du tout heureux avec son nouveau compagnon de jeu. Étant en général des créatures solitaires, la plupart des chats ne requièrent pas de compagnon. Par conséquent, est-ce à vous que vous voulez faire plaisir ?

## Serai-je en mesure de faire face à la nouvelle situation ?

Avant d'aller de l'avant et de vous procurer un autre chat, posez-vous les questions ci-dessous. Si vous répondez « oui » à toutes, vous avez le feu vert.

• Disposez-vous du temps nécessaire pour procéder à l'intégration des chats ?

• Pouvez-vous vous accommoder des inévitables perturbations de la routine que causera l'intégration ?

• Pouvez-vous vous permettre un autre chat ? (Songez aux frais supplémentaires de nourriture, de vétérinaire et de pension.)

• Disposez-vous de l'espace et des commodités nécessaires ?

• Disposez-vous du temps nécessaire pour prendre soin de deux chats ?

• Serez-vous en mesure d'affronter concrètement et patiemment les troubles de comportement qui pourraient se manifester ?

## L'introduction d'un deuxième chat

Il est vrai que les chats se tiennent mutuellement compagnie quand vous n'êtes pas là pour leur donner de l'attention ; cependant, cela ne survient qu'une fois que lorsqu'ils se sont bien familiarisés l'un avec l'autre. Présenter un nouveau venu au chat résidant ne s'avère pas toujours aussi simple qu'il y paraît. Certaines races, comme le Korat et l'Ocicat, ne tolèrent pas du tout facilement les autres chats.

*Une fois que les chats ont fait connaissance et qu'ils sont à l'aise l'un avec l'autre, les jeux de lutte leur permettent de rester en bons termes et de mesurer les habiletés et les forces l'un de l'autre.*

| **À FAIRE** | **À NE PAS FAIRE** |
| --- | --- |
| • Suivez les conseils donnés dans la rubrique La socialisation aux pages 37 à 39.<br>• Attendez-vous à ce que l'intégration prenne quelque temps.<br>• Intégrez les chats graduellement ; de préférence, que l'un deux soit en cage afin de prévenir toute blessure à l'un comme à l'autre et pour que tous deux se sentent en sécurité.<br>• Permettez-leur de faire connaissance à leur propre rythme.<br>• Quand vous croyez qu'ils peuvent se fréquenter librement, préparez le terrain comme suit. Attendez que ce soit le temps de les nourrir (quand tous les deux sont affamés) ; choisissez une pièce où chacun aura son « refuge » et pourra se retirer au besoin ; disposez des bols supplémentaires de nourriture savoureuse très à l'écart l'un de l'autre ; introduisez les chats dans la pièce et refermez la porte. Restez avec eux pendant qu'ils mangent pour intervenir s'ils manifestent de l'animosité l'un envers l'autre (laisser choir un gros trousseau de clés sur le sol suffira à les distraire). Manger ainsi ensemble facilitera généralement le succès de l'intégration.<br>• Offrez un bac à litière différent à chaque chat. | • Ne négligez pas tout d'un coup le chat résidant au profit du nouveau venu, sinon il se sentira rejeté et le nouveau venu fera face à un comportement jaloux attribuable à l'attention dont vous l'aurez entouré.<br>• Ne les mettez pas ensemble afin qu'ils « s'arrangent entre eux ».<br>• Ne laissez pas les chats entre eux avant que la phase de crachement et de sifflement ait pris fin. C'est seulement à la suite de celle-ci qu'il est à peu près sûr qu'ils pourront se fréquenter en votre absence.<br>• Ne vous attendez pas à ce que les chats deviennent copain-copain du jour au lendemain. En dépit de vos meilleures intentions, certains chats ne deviennent jamais des amis et tolèrent tout juste de vivre l'un avec l'autre. |

*Les chats peuvent cracher et siffler quelque peu quand ils sont présentés l'un à l'autre et font connaissance, mais, pour peu qu'ils aient chacun un refuge où se retirer au besoin, ces attitudes antisociales s'apaiseront dans la plupart des cas.*

L'introduction d'un autre chat, voire de tout autre animal, peut causer plus de problèmes qu'elle n'en résoudra, surtout si votre chat est déjà bien installé chez vous ; par contre, des chats élevés ensemble peuvent devenir d'inséparables amis. Cela étant, il vaut mieux avoir deux chats dès le départ. Il peut s'agir de chatons du même âge ou de la même portée, ou encore de deux chats qui sont déjà habitués de vivre l'un avec l'autre. Comme cet idéal n'est pas toujours réalisable, il est essentiel de prendre en considération le comportement félin normal et d'en tirer les leçons qui s'imposent. Vous serez alors mieux renseigné pour introduire un autre chat dans votre foyer en suscitant le minimum de stress chez tous les êtres impliqués (consultez les pages 42 à 45).

Les chats n'ont pas le même code de conduite que les humains. Ainsi, lors d'une première rencontre, plutôt que de sourire et de se serrer la main, ils seront plus enclins à s'intimider l'un l'autre, puis à échanger des coups. Comme cela ne constitue pas une entrée en matière très favorable pour l'avenir de leurs relations, il importe de suivre les recommandations du tableau ci-dessus pour éviter toute situation qui dégénérerait.

# Les troubles de comportement

Parfois, les chats peuvent manifester ce que nous considérons comme des troubles de comportement. Toutefois, du point de vue du chat, ces comportements constituent des actes tout à fait normaux dans les circonstances. Il nous incombe donc de remonter à la source de ces troubles et de corriger la situation afin de remédier au comportement inapproprié ou de le réorienter pour qu'il soit convenable.

## Pourquoi les chats se comportent-ils étrangement ?

Au vu des contraintes et des conditions de vie relativement anormales que subissent les chats de compagnie, il est étonnant que si peu d'entre eux se révoltent contre la domestication ou manifestent des comportements étranges, mais les chocs et les traumatismes peuvent provoquer des déséquilibres. Une manipulation rude, dépourvue de gentillesse, peut faire d'un chat un animal tout à fait déséquilibré et imprévisible ; toute forme de choc grave peut entraîner des réactions qui provoqueront l'effondrement du système nerveux crânien et la mort. Cela peut aussi survenir chez un chat « surhumanisé » à qui on a prodigué soins et amour sans compter ; dans un tel cas, la crise résulte de la stimulation excessive du système nerveux.

Les médicaments et les additifs alimentaires pouvant aussi causer des comportements anormaux chez les chats, c'est une possibilité qu'il faut examiner si votre chat ne se comporte pas comme d'habitude. Le passage d'une marque d'aliments à une autre ou un traitement médical peuvent causer des changements d'attitude. L'arrivée dans la maison d'un nouvel animal ou d'un bébé humain peut faire peur dans certains cas ou causer des comportements antisociaux dans d'autres ; il faut donc agir avec beaucoup de doigté quand une telle situation nouvelle se présente (consultez les pages 37-39 et 40-41).

## Les griffures sur les meubles

Du point de vue du chat, les bras des sofas et des fauteuils font de merveilleux griffoirs, et il est amu-

*Les griffures sur les meubles sont la caractéristique comportementale que les propriétaires de chat jugent probablement la plus exaspérante, mais elle est l'une des plus faciles à empêcher.*

*Un tout petit peu d'urine suffit au chat pour marquer son territoire, par rapport à la quantité évacuée quand il vide sa vessie.*

sant de grimper aux rideaux et de s'y cacher. Il ne peut savoir qu'un tel comportement est inacceptable pour son maître.

Afin de répondre au besoin de votre chat de faire ses griffes et de se cacher, choisissez parmi les solutions suivantes :

- un griffoir solide, fait maison ou acheté en magasin (enduisez-le d'herbe à chat pour l'inciter à en faire usage) – si votre chat est un grimpeur, optez pour une structure polyvalente combinant surfaces pour grimper et faire les griffes, perchoirs et cachettes à explorer ;
- des boîtes de carton où il pourra se cacher ;
- beaucoup de jouets avec lesquels s'amuser ;
- au besoin, gardez votre chat hors de la ou des pièces renfermant vos plus beaux meubles et vos rideaux les plus délicats pour l'empêcher de les marquer ou de les abîmer.

## Uriner ou déféquer dans la maison

Il importe d'abord de déterminer si un tel comportement fait partie du « marquage » ou si c'est simplement une façon inappropriée de faire ses besoins. Dans ce dernier cas, la raison peut être que :

- le chat n'aime pas l'emplacement de son bac à litière – il peut être trop près de l'endroit où il mange ou de celui où il dort ;
- le bac est trop petit pour qu'il s'en accommode à son aise ;
- la litière ne lui convient pas ; par exemple, certains chats préfèrent les granules de bois à toutes autres ;
- le bac n'est pas nettoyé avec assez de régularité.

Les problèmes de propreté sont généralement simples à résoudre, mais le marquage peut s'avérer une cause plus difficile à identifier. Quand un chat marque ou défèque à des endroits inappropriés dans la maison, cela indique qu'il ne se sent pas en sécurité dans son propre territoire, voire qu'il s'y sent menacé. En laissant ses déchets à des endroits stratégiques de la maison, il revendique son territoire et prévient ainsi ceux qu'il perçoit comme des intrus – d'autres chats ou animaux, et même les gens de la maisonnée.

Le cas suivant est digne d'intérêt. Une femme mariée ne parvenait pas à comprendre pourquoi son chat, qui jusque-là avait toujours été propre, s'était mis à marquer le lit conjugal et à y déféquer. Elle

*Parfois, le vagabondage des chats est encouragé par des voisins qui s'entichent du chat et le nourrissent.*

apprit plus tard que son mari avait une liaison ; quand il quitta le domicile conjugal, le marquage cessa et le chat revint de lui-même à l'usage de la litière. L'épouse en déduisit que le chat manifestait son opposition ou se sentait menacé par l'odeur de l'autre femme sur son mari !

Pour accroître le sentiment de sécurité et de confort de votre chat dans la maison, consultez les pages 16-17 et 22-23.

## Le vagabondage et les batailles

Quand ils ont atteint leur maturité sexuelle, les chats non stérilisés font tout ce qui est en leur pouvoir pour s'échapper de la maison et trouver un partenaire. Si on ne leur permet pas de le faire, leur frustration peut entraîner de nombreux troubles de comportement, par exemple rechercher l'attention constamment, salir la maison, se montrer agressifs et miauler sans cesse. Le vagabondage peut poser un réel problème aux propriétaires de chats mâles non stérilisés (matous), alors que ceux qui ont des chattes non stérilisées verront leur cour et les alentours de la maison envahis par des matous quand elles seront en chaleur. Le vagabondage des chats peut entraîner des problèmes de santé – à cause des batailles (consultez les pages 35-40), des risques de maladies contagieuses et de blessures –, lesquels peuvent s'avérer coûteux pour le propriétaire tant sur le plan émotif que sur celui des traitements vétérinaires requis.

*Certains chats paniquent et réagissent défensivement quand on touche à des zones sensibles de leur corps, comme la tête, le ventre et les pattes. Perçu comme une attaque, un geste vers ces zones peut provoquer des morsures ou des griffures agressives pour que vous retiriez votre main.*

## Les morsures et griffures

Les chats de compagnie deviennent rarement agressifs à moins d'être harcelés ou maltraités. Toutefois, il arrive qu'un chat réagisse violemment au contact parce qu'un réveil brusque l'a effrayé ou parce qu'il réagit à une autre menace : il peut observer un chien menaçant ou un aspirateur bruyant quand son maître le prend et penser alors qu'il est l'objet d'une attaque perpétrée par ce qui lui fait peur. En outre, certains chats réagissent défensivement quand on touche à certaines parties de leur corps. Un tel comportement est une réaction normale issue des mécanismes de défense complexes du chat.

Des troubles sexuels se manifestent parfois chez les chats domestiques quand ils ne sont pas stérilisés et qu'ils deviennent frustrés. La stérilisation entraînera habituellement une nette amélioration du comportement et de l'état de santé général.

## L'anxiété de la séparation

Certains chats – certaines races plus particulièrement, comme les Siamois et les Birmans – exigent des contacts assidus avec leur maître, sans lesquels ils sont malheureux s'ils sont laissés à eux-mêmes plus ou moins longtemps. Leur anxiété peut se traduire par diverses manifestations comportementales inappropriées, comme détruire des objets ou salir la maison, voire des tendances obsessionnelles telles l'automutilation et la succion de morceaux de tissu.

Guérir un chat de telles habitudes peut s'avérer difficile, car la solution réside dans la réduction de ses sentiments anxieux. Par exemple, si vous êtes au travail toute la journée et que votre chat réagit mal à la solitude, vous pouvez envisager les possibilités suivantes :

- Imprégnez d'herbe à chat un jouet en peluche avec lequel le chat jouera et contre lequel il se pelotonnera pour se sentir en sécurité – certains chats réagissent très bien à une radio réglée à faible volume.
- Recourez au service d'un gardien ou d'une gardienne d'animaux familiers à domicile.
- Confiez le chat aux soins d'une chatterie (pension pour chats) pour qu'il ait de la compagnie.
- Essayez de travailler à la maison le plus possible.
- Confiez le chat à quelqu'un qui passe toute la journée à la maison.
- Procurez-vous un autre chat pour lui tenir compagnie.

*Si vous ignorez le chat qui recherche l'attention, habituellement il se lassera et trouvera autre chose à faire pour s'occuper.*

Toutes ces solutions pour résoudre l'anxiété de la séparation ont leurs inconvénients. Le choix de la plus satisfaisante dépendra surtout des circonstances et de la personnalité du chat – il se pourrait que ce soit seulement par élimination que vous parviendrez à trouver la solution qui fera votre affaire, pour vous comme pour votre chat.

## La recherche d'attention

Les chats qui recherchent l'attention apprennent très tôt quels types de comportement attirent sur eux l'attention de leur maître. Les uns renversent des objets sur une table ou une tablette, sachant que leur maître accourra pour voir ce qui ne va pas ; d'autres miaulent, se frottent contre les jambes de leur maître et tendent les pattes vers lui. La lecture du journal peut amener le chat à jouer avec le coin d'une page ou à s'étendre dessus pour attirer l'attention du maître sur lui plutôt que sur le journal.

Selon le caractère du chat, la meilleure façon de corriger ce comportement consiste à :

- lui procurer autre chose sur lequel il focalisera son attention, un jouet par exemple ;
- déplacer les objets cassants hors de sa portée ;
- rendre l'environnement du chat plus divertissant, donc plus stimulant pour lui (consultez les pages 22-23) ;
- enclencher une routine dans laquelle vous consacrerez votre attention au chat à certains moments de la journée qui vous conviennent afin qu'il obtienne sa juste ration de bon temps en votre compagnie, et vice versa ; cela vous rendra heureux tous les deux.

## Le toilettage excessif

Les chats qui s'ennuient à mourir ou qui ont été mal élevés peuvent succomber au toilettage excessif. Ils lèchent et pomponnent leur corps jusqu'à ce que certaines zones soient à vif ; ils peuvent sucer leurs pattes, leur queue ou les bouts de leurs mamelles postérieures, tout en ronronnant et en pétrissant, régressant ainsi mentalement à l'état de chaton.

## Manger ou sucer du tissu

Ce comportement (analogue à celui d'un jeune enfant qui tète une poupée ou qui se pelotonne dans une couverture pour se sentir bien) semble apparenté à l' « autosuccion » décrite plus haut. Cela se produit à l'occasion chez des chats qui, autrement, sont tout à fait équilibrés, surtout dans certaines lignées de Siamois. Il est probablement plus simple d'accepter cette habitude et de laisser le chat sucer son bout de coton ou de laine. Toutefois, s'il est attiré par des fibres textiles synthétiques, celles-ci pourraient s'accumuler dans son estomac et son intestin et nécessiter une intervention chirurgicale.

*En offrant à votre chat des lieux qu'il peut explorer à loisir, vous le garderez agréablement occupé, donc heureux.*

*Trouver des jouets qui plaisent à votre chat aidera à alléger son ennui pendant les périodes où il vous est impossible de lui donner de l'attention.*

# PRENDRE SOIN DE VOTRE CHAT

Il y a de nombreux aspects aux soins et à l'entretien d'un chat, et une part de l'attirance suscitée par la compagnie de ces splendides créatures provient du plaisir que de nombreux propriétaires de chat ressentent à garder leur animal heureux et en bonne santé. Ils tirent une extrême satisfaction de savoir que tous les besoins de l'animal à leur charge sont l'objet d'une attention scrupuleuse. Pour bien des gens, la routine quotidienne liée au chat, depuis le nettoyage de son bac à litière jusqu'aux soins prodigués pour que sa robe demeure lisse et luisante, est très gratifiante, et le ronronnement affectueux qu'ils reçoivent en retour les comble de bonheur.

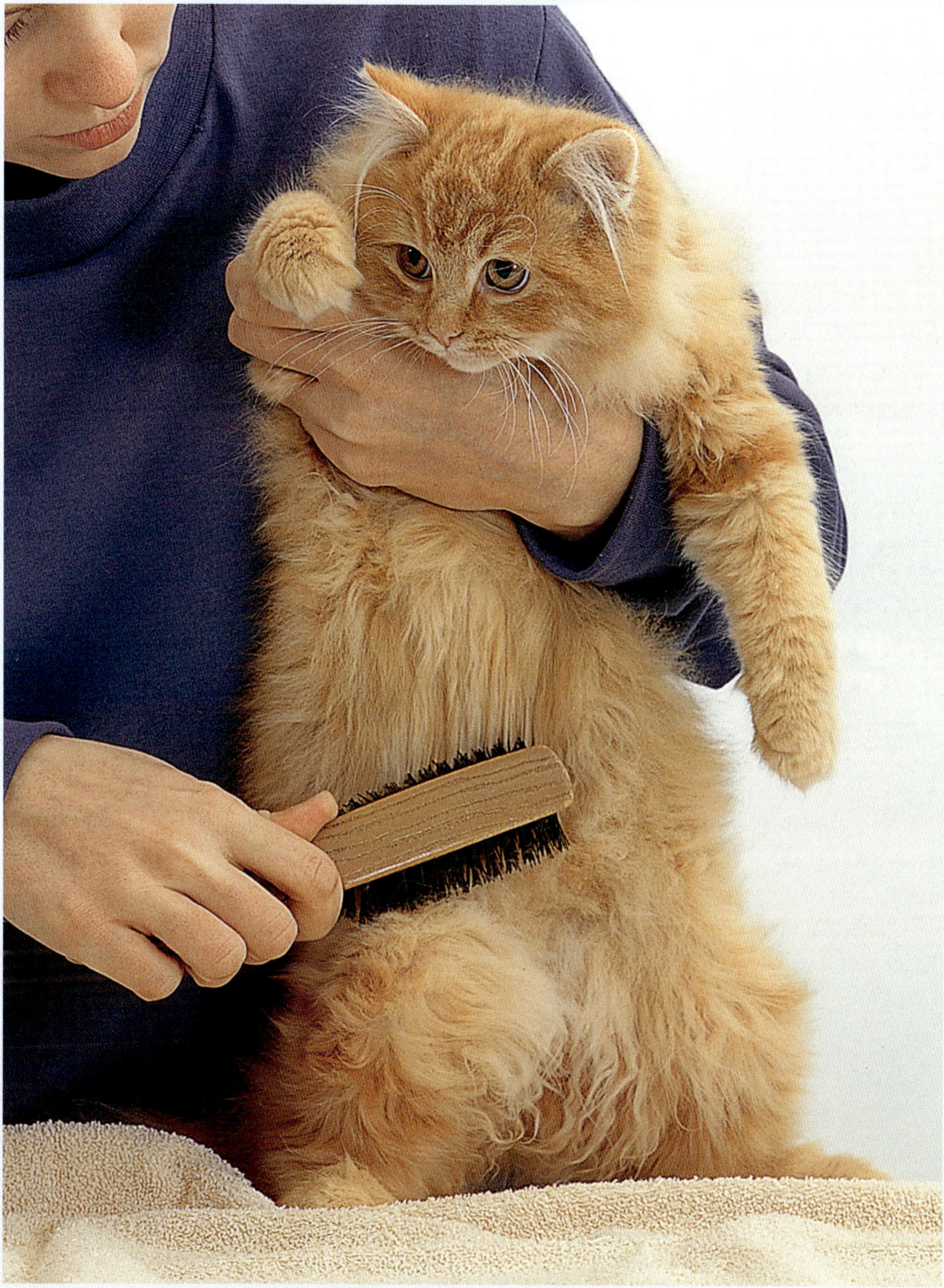

# La manipulation des chats

Votre manière de manipuler votre chat et d'interagir avec lui déterminera son comportement et ses réactions à votre égard. Les chats se sentent menacés et éprouvent un sentiment d'insécurité quand il y a de la tension dans l'air, quand ils entendent des voix fortes ou bruyantes, quand ils sont manipulés rudement et lorsqu'on les saisit brusquement.

## Prendre votre chat

*La meilleure manière de prendre votre chaton ou votre chat dans vos bras est illustrée ici. Cueillez-le délicatement en plaçant une main sous sa poitrine et en soutenant son derrière avec l'autre, et gardez-le près de vous pour qu'il se sente en sécurité. Ne le serrez pas trop fort, sinon il se sentira coincé et cherchera à s'échapper.*

*Transportez votre chat en plaçant une main sous sa poitrine, les doigts entre ses pattes antérieures, et collez-le contre vous afin de mieux le soutenir. Ainsi votre autre main sera libre pour lui tenir la tête ou le saisir doucement par le chignon (la peau flasque de sa nuque) au besoin.*

*Des gens trouvent plus simple de prendre le chat par la taille, une main le supportant délicatement et l'autre posée sur son dos pour plus de sécurité (des chats préfèrent cette manière d'être tenus et transportés).*

*Observer l'expression de votre chat vous aidera à comprendre comment il se sent. Ce chat manifeste de l'appréhension et de l'inquiétude. Ses oreilles ont pivoté vers l'arrière pour découvrir ce qui se passe dans son dos ; il les maintient un peu rabattues, ce qui révèle sa préoccupation.*

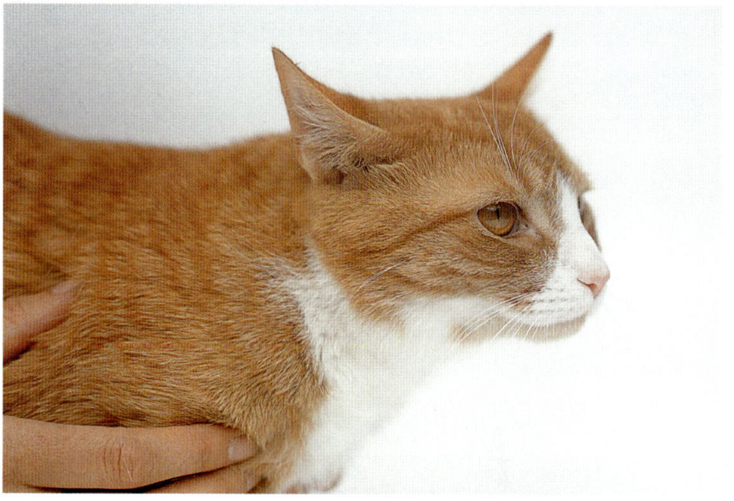

## Les caresses

S'ils ont été caressés depuis le plus jeune âge, la plupart des chats s'y seront habitués et y prendront plaisir. Toutefois, les caresses dispensées sur certaines parties du corps peuvent les incommoder. Si un chat n'a pas été correctement manipulé quand il était chaton, ou s'il a été maltraité ou malmené, il est plus sage de s'en tenir aux endroits sûrs, soit le dos et les flancs. Évitez de flatter sa tête, où sont groupés les organes sensitifs, son estomac sensible et ses pattes délicates.

Les chats apprécient souvent qu'on les caresse à la base de la queue, et ils arqueront le dos de bonheur quand vous, vous le ferez. Des glandes odorantes sont situées dans cette région, et le chat appréciera tout geste lui permettant de vous imprégner de son odeur. Toutefois, il est plus prudent de ne pas flatter un chat à la base de la queue à moins d'être très familier avec lui ; certains d'entre eux peuvent réagir défensivement si, dans le passé, on leur a tiré cruellement la queue ou si celle-ci a déjà subi des blessures. Si votre chat vous griffe ou vous mord quand vous cherchez à le caresser ou à l'étreindre, consultez les pages 42-47.

*Vous pouvez rêver d'avoir un chat blotti sur vos genoux, mais tenez compte de votre mode de vie avant de décider de passer à l'acte. Il est préférable d'attendre le moment opportun plutôt que de rendre votre foyer malheureux.*

# Les chats et les enfants

**Des recherches ont démontré que les enfants qui grandissent en compagnie d'animaux familiers à la maison et à qui on apprend à les traiter avec respect et attention sont plus susceptibles de devenir des adultes bien équilibrés et responsables. Si vous êtes un parent, vous faut-il une meilleure raison pour avoir un chat ?**

## Comment les chats perçoivent-ils les enfants ?

Il est étonnant de constater le degré de tolérance de certains chats et chatons envers les bébés et les jeunes enfants, bien que ce ne soit pas une attitude que vous devriez mettre à l'épreuve. Il faut apprendre aux enfants à ne pas déranger le chat – particulièrement en cherchant à s'emparer de lui – quand il dort dans son panier, car ils pourraient s'attirer des coups de griffe. Votre chat peut passer jusqu'aux deux tiers de la journée à dormir, ce qui est tout à fait normal.

## Les interactions

Défendez aux jeunes enfants de prendre les chatons et les chats, de peur qu'ils n'exercent une trop forte pression sur leur abdomen, avec pour effet que les chats détesteront à jamais être pris. Encouragez plutôt le chat à monter sur les genoux de l'enfant et à s'y installer pour être dorloté. Montrez à l'enfant comment flatter le chat, et aussi comment le prendre et le transporter (consultez la page 50). Le chat ne devrait jamais être contraint dans ces occasions ; assurez-vous que l'enfant comprenne qu'il ou elle doit laisser le chat s'en aller dès qu'il le désire.

Interdisez aux enfants, particulièrement les plus jeunes, de donner la chasse au chat, sinon il risque de prendre en grippe les jeunes enfants pour toujours. Dans le même ordre d'idées, le chat devrait être laissé en paix quand il se repose parce que la nervosité et les attitudes craintives ou imprévisibles sont alimentées par le manque de sommeil. Il est souhaitable que votre chat dispose de nombreux endroits où il peut échapper à l'attention des enfants – les lieux élevés sont préférables ; ces refuges lui accorderont le répit nécessaire quand il sera trop sollicité.

Si les rapports initiaux entre les enfants et les chats se déroulent correctement, la plupart des uns et des autres deviendront de grands amis. De nombreux chatons et chats se lient d'amitié rapidement avec les enfants et semblent heureux de jouer avec eux, de se blottir contre eux quand ils dorment ou regardent la télé... et de les « aider » dans leurs devoirs.

## L'hygiène

Les jeunes enfants portent leurs mains à leur bouche à tout moment et, bien qu'il soit rare qu'un enfant contracte une infection (comme la teigne, le ver solitaire ou la toxoplasmose) au contact des félins, il va sans dire que vous devez veiller à ce que les enfants se lavent les mains après avoir manipulé un chat (ou tout autre animal familier) pour réduire le risque au minimum. Cette mesure est particulièrement importante si vous avez une cour que fréquentent tant les chats que les enfants ; les chats font leurs besoins dans les plates-bandes et, si l'occasion leur est offerte, dans les bacs à sable – exactement là où jouent les enfants. Couvrez le bac à sable quand il n'est pas en usage pour empêcher les chats d'en faire leur « petit coin ».

## La toxoplasmose

La toxoplasmose est une maladie infectieuse qui peut s'avérer grave pour les femmes enceintes et celles qui ont des enfants. La plupart des infections sont sans gravité si la personne a développé une bonne réaction immunitaire contre elles, ce qui explique pourquoi les fœtus et les jeunes enfants sont très à risque.

Le *toxoplasma gondii* est un parasite microscopique qui peut causer des malformations chez le fœ-

*Les enfants éprouvent parfois des difficultés à exprimer leurs sentiments devant les parents, voire toute autre personne. Par contre, le chat ne les jugera pas, ne leur fera pas de remontrances, et, par conséquent, il sera pour eux une source de réconfort et d'amitié.*

tus et la cécité. Les chats s'infectent en mangeant de la viande crue (des proies), et les œufs (contenus dans des kystes) du parasite sont expulsés dans leurs selles. Ces œufs éclosent et donnent des larves, lesquelles peuvent causer des dommages si elles sont ingérées par l'humain. Le parasite de la toxoplasmose est présent aussi dans la viande crue – principalement le poulet et le porc – de la chaîne alimentaire humaine, mais il est habituellement éliminé à la cuisson.

Certains médecins et sages-femmes peuvent, par excès de zèle, recommander aux femmes enceintes de débarrasser la maison de tous ses chats pour prévenir une infection par la maladie. Toutefois, une solution aussi extrême n'est pas nécessaire si vous observez des règles d'hygiène et enfilez des gants pour manipuler les chats, nettoyer leur litière (vous pouvez aussi demander à une autre personne de s'en charger) et travailler la terre du jardin. Il appert que, chez les humains, les plus grands risques de contracter la toxoplasmose surviennent en manipulant de la viande crue et des légumes qui ont poussé dans un sol contaminé, et en absorbant de la viande insuffisamment cuite ; cela replace en perspective le risque que votre chat vous fait courir.

Si vous êtes une femme et que les risques vous inquiètent, demandez à votre médecin de vous soumettre à un test sanguin afin de savoir si vous êtes immunisée contre la maladie ; si c'est le cas, cela signifie que vous ne pourrez pas transmettre la maladie au fœtus. Si vous n'êtes pas immunisée, appliquez prioritairement des règles d'hygiène strictes dans la cuisine et en ce qui concerne votre chat. Assurez-vous de débarrasser régulièrement le chat de ses vers, et vous diminuerez le risque de contracter la toxoplasmose.

# Les soins de routine

Les chats prennent soin d'eux-mêmes, n'est-ce pas ? Oui, jusqu'à un certain point, mais pour que des animaux domestiques mènent une vie heureuse, épanouie et saine, ils ont besoin de l'aide de leurs maîtres. Afin de maintenir la bonne santé physique et mentale de votre chat, il y a certaines pratiques que vous devez appliquer sur une base quotidienne, mensuelle ou annuelle.

## La condition physique

Les chats domestiques peuvent souffrir d'obésité s'ils ne font pas assez d'exercice en rapport avec leur ration quotidienne de nourriture. L'excès de poids peut entraîner de graves problèmes de santé et réduire l'espérance de vie du chat. Les chats à poil long peuvent avoir l'air « gros », mais ce peut être une illusion d'optique due à l'abondance de poils. Selon la race ou le type de chat, le chat moyen pèse environ 4 kg. Vous devriez sentir ses côtes, mais non les voir. Tout écart de poids par rapport à la moyenne peut signaler un problème de santé.

## Le collier

Si votre chat porte un collier, inspectez-le chaque jour pour être sûr qu'il ne le serre pas trop ou, si c'est un collier anti-puces, qu'il ne lui cause pas d'allergie cutanée. Comme le chaton grandit vite, il est très important de vérifier l'ajustement du collier au moins une fois par semaine.

## L'élimination

Les signes les plus manifestes d'un problème d'élimination chez votre chat sont :

- un malaise quand il urine ou défèque ;
- un besoin constant d'éliminer (qui se manifeste par de fréquentes visites au bac à litière, mais souvent sans résultat satisfaisant) ;
- du sang dans l'urine ou les selles, ou tout autre phénomène anormal comme des selles molles ou très dures ;
- moins d'élimination qu'à l'ordinaire ;
- tout écart par rapport à ce qu'il élimine normalement – soyez très vigilant à ce chapitre et, si le phénomène persiste plus d'une semaine, consultez un vétérinaire.

## L'attitude générale

Si vous connaissez bien votre chat, vous noterez vite tout changement dans son comportement ou son attitude. S'il est normalement vif et actif, mais qu'il semble soudainement dépressif, cela peut être un signe qu'il se sent mal. S'il manifeste d'autres signes de maladie, il serait alors sage de le conduire chez le vétérinaire pour un examen. Notez les symptômes, ce qui pourra certainement aider

*Vérifiez régulièrement le collier ou le harnais de votre chat afin qu'il ne soit ni trop serré ni trop lâche.*

le vétérinaire à déterminer ce qui ne va pas. Si votre chat s'écarte de ses habitudes alimentaires, cela demande aussi d'être examiné. Il se peut que, tout simplement, il n'apprécie pas un changement de marque de nourriture, mais, plus sérieusement, il peut souffrir d'une infection de la gueule ou d'un trouble digestif qui affecte son appétit.

## Le dressage

Assurez-vous que votre chat suit bien chaque jour les règles que vous lui avez imposées, afin qu'il n'y ait aucune confusion dans son esprit. Si, par exemple, vous lui interdisez de faire ses griffes sur le mobilier, n'allez pas balancer sous son nez des jouets au-dessus du bras d'un fauteuil; quasi inévitablement, il plantera ses griffes dans le tissu, ce qui pourrait le pousser alors à les aiguiser à cet endroit. Si vous ne permettez pas qu'il grimpe sur votre lit, résistez à la tentation de le lui permettre un jour en guise de « faveur spéciale », sinon il croira que l'interdiction est levée pour toujours. Voyez à ce que les autres membres de la famille appliquent aussi ces règles.

## Les occasions spéciales

Lors des réceptions, les chats requièrent une attention toute particulière afin qu'ils ne s'alarment pas de tout le bruit et de l'affluence de gens dans la maison, ou qu'ils se rendent malades à manger ce qui ne leur convient pas. Comme l'arbre de Noël peut s'avérer irrésistible pour des chats curieux, assurez-vous qu'il soit solidement maintenu, que les guirlandes de lumières sont branchées sécuritairement et que les décorations sont incassables. Certains chats sont fascinés par les glaçons qui pendent; si votre chat persiste à les manger, vous n'aurez d'autre choix que de les retirer de l'arbre.

Gardez votre chat à l'écart du tumulte et du va-et-vient en l'installant dans une pièce tranquille munie d'une literie confortable, de quelques jouets pour passer le temps, de son bac à litière, de nourriture et d'eau; rendez-lui visite de temps à autre pour l'assurer que vous restez dans les parages. Même si vous êtes tenté de le faire, ne donnez pas à votre chat des aliments qui d'ordinaire ne sont pas les siens, sinon il risquerait de souffrir de douloureux maux de ventre.

Les feux d'artifice sont de plus en plus populaires; toutefois, ils terrifient la plupart des animaux. Si on en fait exploser dans le voisinage, gardez votre chat en sûreté à l'intérieur – une télé ou une radio allumée peut aider à noyer le bruit qui effraie les animaux. Si vous projetez d'user de feux d'artifice chez vous, assurez-vous que le chat soit dans la maison, de préférence dans une pièce éloignée, et optez pour les feux « silencieux » qu'on offre maintenant sur le marché. Il convient aussi, par civilité, que vous informiez vos voisins de votre future « fête explosive », afin qu'eux aussi gardent leurs animaux à l'intérieur quand le jour sera venu.

*Examinez quotidiennement les déchets de votre chat pour connaître l'état de son système digestif; des selles molles peuvent révéler un problème, de même que le besoin incessant d'uriner.*

## LES VÉRIFICATIONS DE ROUTINE EN UN CLIN D'ŒIL

| FRÉQUENCE | À FAIRE |
|---|---|
| **Chaque jour** | • Nettoyez ses bols de nourriture et d'eau.<br>• Nourrissez-le et donnez-lui de l'eau.<br>• Surveillez ses habitudes alimentaires.<br>• Nettoyez son bac à litière et vérifiez qu'il élimine normalement.<br>• Consacrez-lui du temps pour jouer et lui accorder votre attention.<br>• Assurez-vous qu'il a assez chaud, selon son âge et la période de l'année.<br>• Toilettez-le si c'est un chat à poil long.<br>• Vérifiez l'ajustement de son collier.<br>• Examinez son corps et ses pattes pour déceler tout signe de blessure. |
| **Chaque semaine** | • Toilettez-le si c'est un chat à poil ras.<br>• Examinez ses oreilles.<br>• Examen général des vieux chats : vérifiez ses signes vitaux.<br>• Vérifiez les provisions de litière et de nourriture pour la semaine qui vient.<br>• Lavez et désinfectez le bac à litière ; remplacez la litière.<br>• Surveillez tout gain ou perte de poids. |
| **Chaque mois** | • Traitement antiparasitaire contre les vers et les puces des chats qui vont dehors (consultez la page 117 pour de plus amples informations).<br>• Examen général – signes vitaux. |
| **Tous les deux mois** | • Traitement antiparasitaire des chats d'intérieur (procédez au traitement chaque mois si vous avez aussi un chien qui va dehors).<br>• Examinez-le et brossez-lui les dents (consultez les pages 67, 107 et 108 pour de plus amples informations à cet effet et demandez conseil au personnel de votre centre local de soins vétérinaires). |
| **Tous les six mois** | • Si vous optez pour des injections contre les puces, elles doivent être renouvelées au bout de six mois.<br>• Examen vétérinaire des vieux chats.<br>• Injections de rappel pour les vaccins de chats qui fréquentent des zones densément peuplées de félins (consultez la page 89). |
| **Une fois l'an** | • Examen vétérinaire (consultez la page 61).<br>• Réévaluez les besoins nutritionnels de votre chat selon son âge (demandez conseil à un vétérinaire, si nécessaire).<br>• Injections de rappel pour les vaccins. |

*Si vous prenez le temps d'apprendre ce qui constitue le comportement normal de votre chat, vous serez très tôt en mesure de savoir s'il est malade ou s'il manifeste des signes qu'il y a quelque chose qui ne va pas et qui vaut d'être examiné.*

# Prendre soin d'un chaton

Vous devrez consentir quelques efforts pour que votre chaton devienne un compagnon idéal. Il n'est pas difficile d'y arriver – vos efforts seront récompensés pour peu que vous usiez de bon sens, du désir de l'aider et de la volonté d'appliquer certains principes et règles de base pour l'amener à se comporter comme vous le souhaitez.

*De bons rapports hâtifs entre chatons et enfants constituent une excellente assise pour une affection mutuelle qui durera toute la vie.*

## Le sommeil

Le sommeil occupe jusqu'à 60 % de la vie d'un chat. Un chaton, tout comme un vieux chat, passe la plus grande partie de son temps à dormir. Il est normal que le chaton dorme beaucoup : les séances de jeu frénétique, au cours desquelles il dépense beaucoup d'énergie, l'obligent à refaire souvent le plein. Il est essentiel que le chaton puisse se reposer comme et quand il le désire, sans être dérangé, pour disposer de l'énergie nécessaire qui l'aidera à devenir un adulte sain et bien équilibré.

## La nutrition

Le chaton joue beaucoup et se développe vite ; il nécessite donc une alimentation appropriée aux exigences de son organisme. Heureusement, les fabricants nous facilitent la vie en produisant une vaste gamme d'aliments spécialement composés pour répondre aux besoins d'un jeune chat. Choisissez la nourriture appropriée au stade de vie de votre chaton pour satisfaire ses besoins nutritionnels. Consultez les pages 20-21 pour de plus amples informations sur l'alimentation des chatons.

## Le comportement juvénile

Après le sommeil et la nutrition, le jeu occupe une place importante dans les priorités du chaton. Il s'amusera des heures durant avec une variété de jouets. Ils n'ont pas besoin d'être coûteux et de provenir d'une boutique pour lui procurer le maximum de plaisir : balles de ping-pong, tubes de carton et vieux jouets doux et moelleux feront l'affaire. Assurez-vous cependant qu'aucun ne puisse se briser ou se défaire aisément en morceaux. Un chaton curieux aura vite fait de mâcher et d'avaler les boutons d'yeux d'un ourson, ou un bout de fil qui pendille, ce qui peut entraîner des maux d'estomac requérant l'intervention du vétérinaire, voire une chirurgie.

Vous pouvez partager des heures de plaisir avec votre chaton en traînant simplement une corde sur le sol que votre chaton prendra en chasse, attaquera et « tuera ». Ne laissez jamais traîner des pelotes de laine ou des longueurs de fil près d'un chaton sans surveillance pour les raisons énumérées plus haut.

## La manipulation de votre chaton

Votre manière d'interagir physiquement avec votre chaton aura un grand impact sur la manière dont, une fois adulte, il réagira à vous et aux autres personnes. Mieux vous manipulerez votre chaton, mieux il acceptera les contacts physiques une fois adulte. Pour cette raison, visez à le soumettre à un examen complet au moins une fois par semaine, mais chaque jour de préférence.

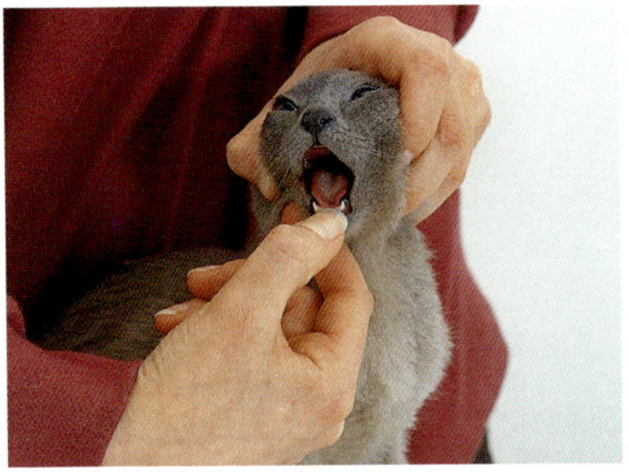

*Habituer votre chaton à des examens réguliers de la gueule vous paiera en retour lorsque vous lui nettoierez les dents ou lorsque, plus tard, vous lui examinerez la gueule. Votre vétérinaire appréciera également ce dressage. En outre, cela facilitera l'administration de médicaments oraux.*

*Habituer votre chaton à être manipulé et touché partout réduira son stress lors d'un examen vétérinaire.*

*La tête est une région sensible. Plus tôt le chaton s'habituera aux sensations d'un examen de la tête, plus facilement il le supportera quand cela s'avérera nécessaire.*

*Les oreilles sont sensibles et, par conséquent, vous devriez les toucher et les manipuler délicatement. Habituer votre chaton à l'inspection des oreilles vous rendra la vie plus facile à tous deux pour le cas où il aurait besoin de traitements contre les mites d'oreille ou en cas d'accumulation de cérumen.*

Les jouets de style canne à pêche, encore une fois, ne devraient être utilisés que lorsque vous êtes sur place pour en surveiller l'usage. Des chats risquent de s'étrangler si on leur permet de se servir de ces jouets quand leurs maîtres ne sont pas à proximité pour les surveiller.

## Éloge, récompense et punition

Les chats aiment les éloges et apprécient les récompenses, mais ils ne comprennent pas les punitions comme les humains. Par conséquent, ils ne peuvent pas réagir aux réprimandes verbales ou physiques de la même manière que les humains. Pour cette raison, vous devez louanger et récompenser tout comportement désiré. Votre chaton apprendra rapidement que certains comportements lui attirent des faveurs et il s'efforcera de s'y conformer ; d'autre part, il découvrira que d'autres types de comportement n'amènent aucun signe de satisfaction de votre part et ne sont donc pas gratifiants pour lui. Si votre chaton manifeste des comportements peu souhaitables, essayez de les transformer en quelque chose de plus appréciable (consultez les pages 42-47).

Ne réprimandez jamais physiquement votre chaton ; vous n'en retireriez rien de bon. Cela ne servirait qu'à l'effrayer et à l'éloigner de vous. Rappelez-vous qu'établir la confiance prend du temps, mais qu'il faut à peine une seconde pour la détruire si votre réaction est inappropriée.

## Le dressage comportemental

Commencez dès que vous vous sentez prêt. Inculquer les traits comportementaux désirés à un chaton donne habituellement un chat sociable et bien dressé, si vous gardez en tête le modèle « éloge, récompense et punition » décrit plus haut. Par exemple, si vous laissez le chaton dormir sur votre lit, il trouvera parfaitement normal de le faire à l'âge adulte. Par conséquent, sachez prévoir – un comportement acceptable chez un chaton peut l'être beaucoup moins chez un chat adulte, mais celui-ci ne comprendra pas du tout votre réaction. Si vous ne voulez pas voir votre chat adulte se prélasser sur votre lit, ne lui permettez pas de le faire quand il est chaton. Faites-en une norme, car lui interdire votre lit plus tard pourrait provoquer des troubles de comportement.

Pour de nombreux maîtres, dresser un chaton à des comportements élémentaires acceptables en usant de méthodes douces, patientes et efficaces constitue un exercice mutuellement gratifiant. Il peut être très utile de s'ouvrir à la façon du chat de voir le monde pour arriver à communiquer vraiment avec lui (consultez les pages 28 à 33 à cet effet).

## La litière

Habituellement, le chaton sera déjà dressé pour la litière quand il sera prêt pour l'adoption. Toutefois, une fois parvenu dans son nouveau foyer, vous devrez lui montrer où se trouve sa nouvelle toilette. Essayez d'utiliser le même type de bac et de litière que dans son précédent foyer afin que le changement ne soit

*Apprendre son nom à votre chaton est chose facile. Appelez-le par son nom chaque fois que vous le nourrissez ; il apprendra ainsi très vite à répondre à l'appel de son nom parce qu'il s'en trouvera récompensé.*

pas trop radical – les chats sont des créatures d'habitudes. Si vous apportez chez vous un peu de son ancienne litière usagée pour la répandre dans son nouveau bac, il s'acclimatera plus vite à son nouvel environnement.

## L'environnement et la sécurité

Étant naturellement audacieux et curieux – le monde dans et hors de la maison est pour eux un vaste terrain de jeu excitant –, les chatons peuvent se placer dans des situations problématiques ou se retrouver en détresse s'ils sont laissés à eux-mêmes. Consultez les pages 22-23 et 36-39 pour les informations relatives à la sécurité de votre chaton ou de votre chat.

## Aller dehors

Après avoir gardé votre chaton à l'intérieur pendant quelques semaines, il sera devenu assez sûr de lui pour s'aventurer à l'extérieur. Tant qu'il est jeune (et seulement une fois qu'il a reçu tous les vaccins requis), vous devriez le laisser aller dehors à la seule condition de l'accompagner jusqu'à ce qu'il se soit accoutumé à son environnement et soit capable de retrouver son chemin dans la cour et de réintégrer la maison de lui-même. Cette époque est idéale pour l'habituer à la chatière, une commodité que les chats sûrs d'eux apprennent vite à utiliser.

Les chatons risquent gros s'il y a des chats adultes et des chiens aux alentours. Et ils sont exposés à d'autres périls, dont la circulation automobile. Étant mignons d'apparence, les chatons sont plus susceptibles d'être recueillis et emportés loin de chez eux par des gens bien intentionnés qui les croient abandonnés. C'est pourquoi il importe tant de surveiller les jeunes chats dehors jusqu'à ce qu'ils deviennent « avertis ».

*Jetez la litière usagée, bien enveloppée dans du papier journal ou dans un sac biodégradable, avec vos ordures ménagères, mais jamais dans les toilettes au risque de les bloquer.*

## Les vaccins

Pour de multiples raisons, la plupart des gens sont en faveur de la vaccination des chats, alors que d'autres y sont opposés (la fréquence des injections de rappel constituant un sérieux sujet de controverse). Tout bien considéré – particulièrement sous l'angle vétérinaire et en l'absence de preuves scientifiques démontrant le contraire –, les vaccins sont recommandés contre les maladies, vilaines et souvent fatales, dont les chats sont victimes. Certaines compagnies d'assurances exigent que les chats soient vaccinés avant d'émettre une police ; si les vaccins ne sont pas renouvelés, les assureurs peuvent refuser de verser l'indemnité en cas de demande. Il est donc très important de bien prendre connaissance des clauses avant d'apposer votre signature. Consultez la page 89 pour des informations complémentaires relatives aux vaccins.

## Chez le vétérinaire

Faites examiner votre chaton régulièrement par un vétérinaire, qui pourra ainsi suivre son développement et déceler tout problème de santé le plus tôt possible. En outre, votre chaton s'habituera aux visites à la clinique et ne sera pas effrayé par l'expérience. De nombreux vétérinaires apprécient les visites de leurs « patients » seulement pour les voir et interagir un peu avec eux. Ainsi l'animal le percevra autrement que quelqu'un qui le soumet toujours à des traitements désagréables.

## Les examens vétérinaires de base

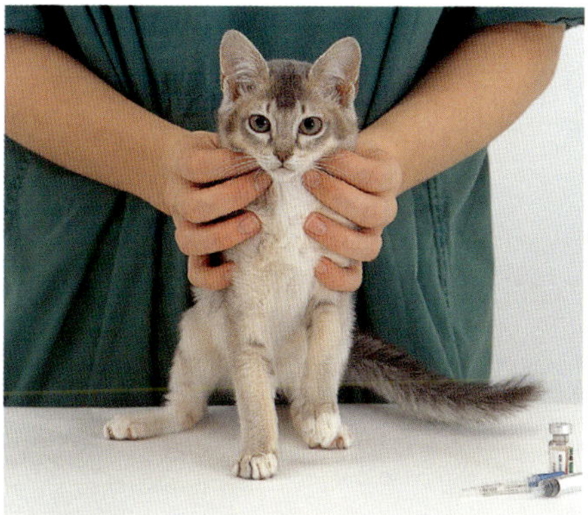

### CONDITION GÉNÉRALE

*L'examen du corps du chaton renseignera le vétérinaire sur l'état de sa condition physique.*

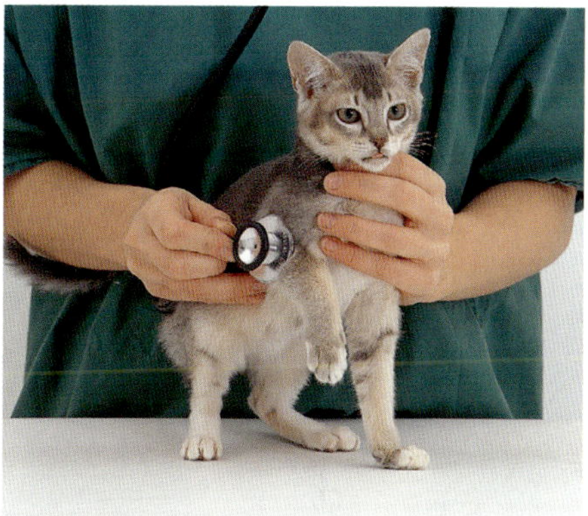

### TESTS DE BASE

*Un examen vétérinaire complet comprendra une série de tests de base, incluant l'évaluation de sa fonction cardiaque à l'aide d'un stéthoscope pour entendre les battements de son cœur.*

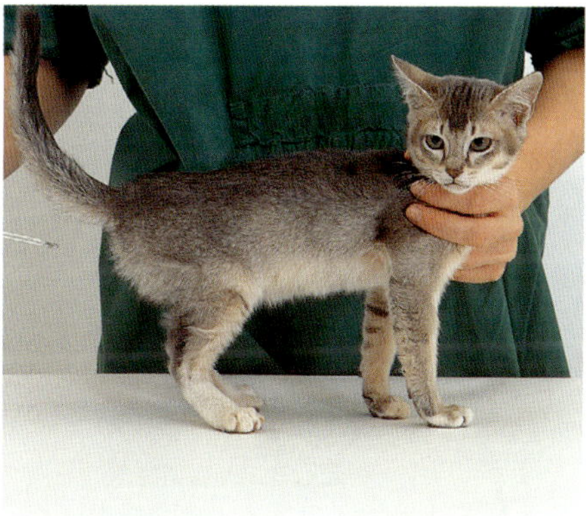

### TEMPÉRATURE

*Un premier examen est susceptible d'inclure une prise de température rectale. Vous pouvez toutefois prendre vous-même la température de votre chaton à l'aide d'un thermomètre buccal.*

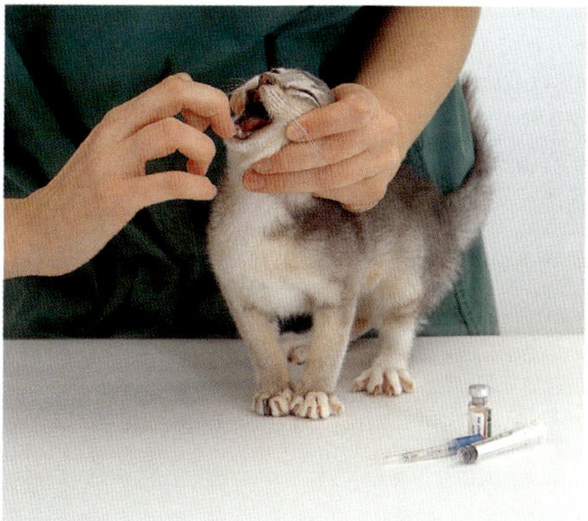

### LES DENTS

*Votre chaton perdra ses dents de lait à l'âge de cinq mois environ ; le vétérinaire pourra vous dire si sa dentition se développe normalement et, dans le cas contraire, il vous indiquera la solution appropriée.*

## Débarrasser le chaton de ses vers

Les parasites internes sont la cause de très nombreux problèmes qui peuvent même entraîner la mort. Il vaut donc la peine de consulter un vétérinaire pour un programme visant à débarrasser votre chaton de ses vers. Le régime habituel recommande de traiter toutes les deux semaines les chatons âgés de 4 à 16 semaines avec le produit approprié contre les vers ronds (tel l'ascaride). Quand le chaton atteint l'âge de six mois, on recommande qu'il soit traité contre l'ascaride et le ver plat (le ténia, dit aussi ver solitaire) tous les deux à six mois, selon son mode de vie. Consultez votre vétérinaire à cet effet. (Consultez les pages 88-89 pour de plus amples informations.)

## Le contrôle des puces

Si votre chaton passe du temps à l'extérieur, ou qu'il entre en contact avec des chats ou des chiens qui vont dehors, il aura très probablement besoin d'être épucé régulièrement. Les puces sont à l'origine de nombreux maux déplaisants, dont l'anémie et la dermatite allergène, et peuvent constituer un problème permanent si on ne les contrôle pas. Votre vétérinaire est la personne la mieux placée pour vous proposer un produit anti-puces approprié à votre chaton. (Consultez les pages 88-89 pour de plus amples informations sur les puces et les moyens de les contrôler.)

## La taille des griffes

Au contraire des chats d'extérieur, dont les griffes conservent une longueur normale par usure naturelle, les chats d'intérieur ont besoin d'aide pour que leurs griffes restent en bon état et ne soient pas trop longues. Il est plus facile d'habituer les chatons à la taille de leurs griffes que d'y initier un chat adulte. Idéalement, au besoin, la taille devrait être confiée à un expert. Si vous décidez de vous en charger vous-même, demandez à un vétérinaire, à un éleveur ou à un toiletteur de chats professionnel de vous montrer comment procéder – c'est la meilleure façon d'apprendre à tailler les griffes correctement sans faire souffrir votre chaton. On pourra aussi vous recommander le type de pince à griffes (ou coupe-griffes) approprié.

*Les coupe-griffes de style guillotine spécialement conçus pour les animaux sont l'outil idéal pour la taille des griffes.*

Tailler les pointes des griffes ne fait pas mal au chat, du moment que vous n'écorchez pas le fin vaisseau sanguin, généralement visible, qui irrigue la griffe ; si cela se produit malgré tout, il s'ensuivra une douleur cuisante et une abondante hémorragie. Si vous coupez un vaisseau sanguin, il est peu probable que votre chat se prête à une nouvelle tentative de taille de ses griffes.

Si vous mettez à la disposition de votre chaton un griffoir en bois de bonne qualité (encore recouvert de son écorce si ça se trouve – voire une branche d'arbre du jardin), il ne sera peut-être pas nécessaire de lui tailler les griffes.

Dans certains pays, dont le Canada, il est légal de faire dégriffer complètement un chat par un vétérinaire, quoique certains d'entre eux s'y refusent. Certains maîtres adoptent cette solution pour se protéger eux-mêmes, ainsi que leur mobilier.

# Le toilettage

Le toilettage fait partie intégrante des responsabilités d'un propriétaire de chat. Si vous procédez avec minutie et douceur, le toilettage gardera la robe de votre chat en bonne condition et, en outre, il vous liera davantage l'un à l'autre. Vous aurez besoin d'instruments appropriés au type de pelage de votre chat.

## Pourquoi le toiletter ?

Les chats consacrent une bonne part de leur temps d'éveil à se toiletter et la plupart d'entre eux parviennent à se maintenir propres sans beaucoup d'aide de notre part. Toutefois, un chat à poil long, infirme, arthritique ou blessé requiert d'être toiletté par son maître pour garder son pelage à son meilleur état, ce qui contribuera à sa bonne santé mentale et physique.

Le poil long et épais – notamment la variété duveteuse et légère des Persans – s'emmêlera et formera des nœuds très serrés s'il n'est pas brossé régulièrement. Si des nœuds se forment, le toilettage s'avérera beaucoup trop désagréable pour le chat ; alors, la seule solution qui reste, c'est de couper les

### LES BOULES DE POILS

Une boule de poils consiste en une accumulation de poils dans l'estomac du chat qui résulte directement de l'autotoilettage du chat. Une masse solide de poils se forme et frotte contre la paroi de l'estomac ; l'irritation provoque le vomissement de la boule. Si la boule de poils se loge plus loin dans l'appareil digestif, elle peut causer un blocage ; si cela se produit, le chat peut manifester un manque d'appétit, de la constipation et une léthargie généralisée. Consultez un vétérinaire si vous soupçonnez un blocage dû à une boule de poils. En toilettant régulièrement votre chat, vous réduirez grandement les problèmes de cette nature.

*Tous les chats produisent des boules de poils, mais les types à poil long ont tendance à en souffrir plus que les autres à cause de la quantité de poils ingurgités quand ils se toilettent. Il arrive fréquemment aux chats de manger de l'herbe, laquelle agit comme un émétique les aidant à régurgiter les boules de poils.*

## Guide de toilettage pour les chats à poil long

*1 Commencez par le dos ; brossez dans le sens du poil, depuis la tête jusqu'à la queue. Vous pouvez utiliser de la poudre de toilettage pour les pelages fins, enclins à s'emmêler : elle aidera à séparer les poils, absorbera l'excédent d'huile, et facilitera le peignage et le brossage. Saupoudrez-la et faites-la pénétrer dans le pelage avec vos doigts, puis brossez et peignez.*

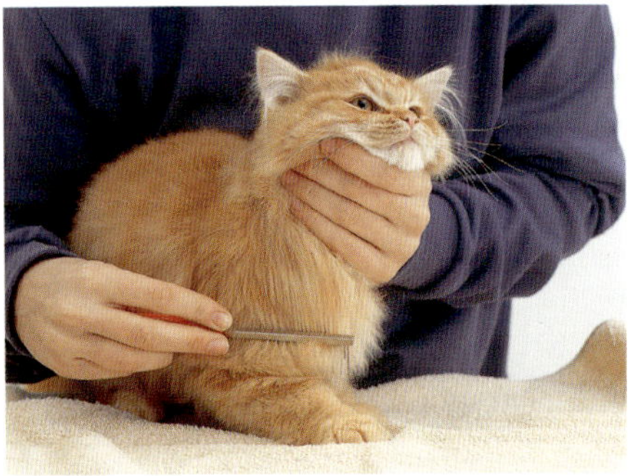

*2 Peignez les poils follets, sans tirer sur les nœuds pour éviter toute douleur au chat. Défaites doucement les nœuds en tenant d'une main les poils près de la peau et en les peignant de l'autre. Ne tirez pas sur un nœud.*

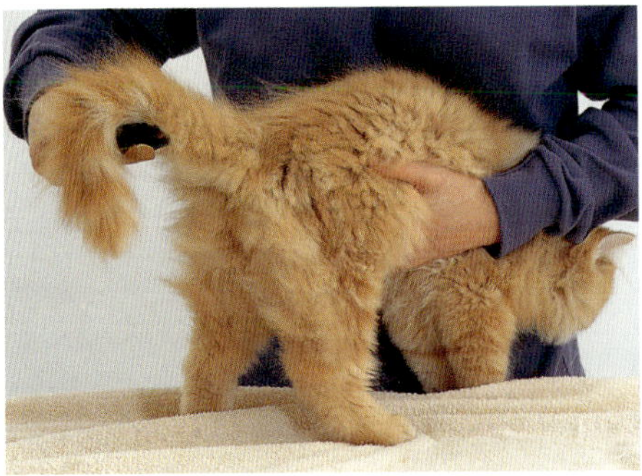

*4 Utilisez aussi une brosse douce pour la queue, qui est très sensible.*

*5 Nettoyez le tour des yeux et du nez à l'aide d'une ouate humectée d'eau tiède (pressez-la d'abord pour ôter l'excédent d'eau). Utilisez une ouate neuve pour chaque œil et pour le nez. Ensuite, essuyez sous la queue avec une nouvelle ouate. Utilisez des ouates sèches pour éponger les endroits humectés.*

*3 Avec une brosse à soies douces, brossez délicatement le ventre.*

*6 Une brosse à dents est idéale pour le toilettage de la face. Terminez le toilettage en caressant le chaton partout à l'aide d'un tampon de toilettage qui donnera un fini léger, soyeux et lustré à sa robe. Si ses griffes ont besoin d'être taillées, gardez cette tâche pour la fin (consultez la page 62).*

nœuds ou, dans les cas extrêmes, de faire tondre le chat par un vétérinaire. Les chats à poil long peuvent aussi souffrir des mottes de poils qui se forment entre leurs orteils à la suite de leurs visites au bac à litière ; jetez-y toujours un coup d'œil quand vous toilettez votre chat et, au besoin, démêlez les mottes (ou coupez-les avec prudence).

Le toilettage régulier réduit aussi les poils dans la maison – lesquels peuvent être d'un grand inconfort pour les occupants souffrant d'allergies.

## La fréquence du toilettage

Un toilettage hebdomadaire suffit pour les chats à poil ras, mais les chats à poil long exigent idéalement une séance quotidienne. Plus souvent vous le faites, plus facile ce sera de garder la robe bien peignée, lustrée et d'apparence saine. Vous devez choisir le bon moment – réveiller le chat n'est pas une bonne idée, pas plus que de procéder quand le chat est irritable ou nerveux pour une raison ou une autre. Si votre chat devient fébrile et stressé par le toilettage parce qu'il n'y a pas été habitué quand il était petit, procédez un petit peu à la fois et souvent ; ainsi, il s'accoutumera graduellement au rituel et aux soins invasifs.

N'imposez jamais le toilettage à un chat ; attendez qu'il soit d'humeur affectueuse avant de faire un nouvel essai. Offrez-lui de petits morceaux de sa nourriture préférée pour le calmer et le distraire de ce que vous lui faites, et aussi pour l'aider à associer le toilettage avec quelque chose de gratifiant et d'agréable.L'aide de quelqu'un pour tenir le chat peut s'avérer utile parfois. Cet auxiliaire pourra lui parler et lui offrir des gâteries qui le distrairont pendant que vous vous concentrerez sur le toilettage.

## Le toilettage des chats à poil ras

Il suffit souvent d'une seule main pour toiletter un chat à poil ras. En passant votre main dans le poil, vous libérez et enlevez les poils morts, en plus de raffermir les muscles. C'est aussi une expérience plaisante et délassante, tant pour vous que pour votre chat.

Vous pouvez utiliser également une brosse à soies moyennement raides pour le brosser légèrement mais complètement depuis la tête jusqu'à la queue, ce qui permettra de détacher les poils morts.

*Quand vous baignez votre chat, prenez garde qu'il n'y ait ni eau ni savon dans ses oreilles parce qu'il trouverait l'expérience très pénible.*

Accordez une attention particulière à la gorge, aux aisselles et à l'intérieur des cuisses. Ensuite, passez au peigne fin tous les endroits brossés à l'étape précédente pour ôter les parasites, la saleté, les pellicules et les poils morts. Puis nettoyez le tour des yeux et du nez, et sous la queue à l'aide d'une ouate humectée d'eau tiède – utilisez une ouate neuve pour chaque partie. Enfin, essuyez votre chat à l'aide d'un tampon de toilettage pour donner un fini léger et lustré à sa robe.

## Le bain

Habituellement, les chats n'ont pas besoin d'être baignés (d'ailleurs, la plupart détestent être mouillés), sauf si :

- vous préparez votre chat pour un concours ;
- sa robe est très sale ou contaminée par des produits chimiques ou pétroliers ;
- il a besoin d'un shampoing fongicide ou insecticide pour des motifs vétérinaires (auquel cas il est recommandé d'enfiler des gants protecteurs en latex).

Utilisez toujours un shampoing revitalisant à formule spéciale pour le pelage des chats – jamais de produits destinés aux cheveux humains, car ils pourraient s'avérer dommageables en pénétrant dans la peau du chat ou en étant ingérés accidentellement. Vous aurez probablement besoin d'aide quand vous donnerez le bain au chat, même s'il a été habitué au rituel quand il était chaton. Il est plus facile de le baigner dans l'évier de la cuisine.

- Remplissez l'évier d'eau tiède (testez la température avec votre coude) au quart de sa capacité, puis déposez-y le chat.
- Répandez de l'eau sur son corps jusqu'à ce que son pelage soit saturé.
- Mouillez-lui délicatement la face avec vos mains.

- Faites pénétrer le shampoing avec vos doigts, mais sans en mettre près de sa face et de ses yeux.
- Remplissez l'évier d'eau tiède propre (ou utilisez la douchette) pour rincer le pelage et éliminer tout le shampoing. Il vous faudra probablement renouveler l'eau plusieurs fois pour vous assurer qu'il n'y a plus aucune trace de savon sur le chat.
- Si vous utilisez un revitalisant distinct, faites-le pénétrer avec vos doigts ; laissez-le agir pendant la durée recommandée, puis répétez la séquence de rinçage.
- Essuyez délicatement votre chat du mieux que vous le pouvez avec une épaisse serviette chaude et moelleuse.
- Installez-le dans une pièce chaude pour qu'il s'y assèche complètement sans risque de prendre froid.
- Une fois sec, brossez ou peignez le poil pour qu'il retrouve son apparence naturelle.

*Brosser les dents de votre chat à l'aide d'une brosse douce pour enfants (ou d'un modèle conçu spécialement pour les chats) et de dentifrice pour chats (n'utilisez jamais de dentifrice pour humains) aidera à prévenir l'accumulation de tartre.*

## Le brossage des dents

Le nettoyage régulier des dents de votre chat préviendra leur détérioration, les maux des gencives comme la gingivite, et la mauvaise haleine. Des brosses à dents spécialement destinées aux chatons et aux chats sont offerts en magasin, mais toute brosse à dents à soies douces de petit format pour humains fera l'affaire. Vous ne devez pas utiliser de dentifrice pour humains – les chats en détestent le goût et l'écume qu'elle produit, et ils éprouvent de la difficulté à le recracher. En outre, lors des examens de routine, assurez-vous que le vétérinaire examine la dentition de votre chat.

Initiez votre chat au brossage des dents alors qu'il est encore un chaton afin qu'il s'habitue à l'opération. Commencez par tremper la brosse dans l'eau chaude, puis introduisez-la quelques secondes dans la joue du chaton en tenant délicatement sa gueule fermée. Rassurez-le en lui parlant doucement, puis répétez avec l'autre joue. Recommencez chaque jour, en prolongeant graduellement la période d'insertion de la brosse dans la gueule du chaton, jusqu'à ce qu'il ne s'en soucie plus. Quand ce stade est atteint, brossez ses dents arrière en faisant de petits mouvements circulaires – ces dents sont moins sensibles que les dents avant. Au bout de quelques semaines, vous devriez être en mesure de brosser toutes ses dents sans lui causer aucun ennui. À cette étape, vous pouvez ajouter un peu de dentifrice pour chats. Des doigtiers de caoutchouc peuvent être substitués à la brosse à dents.

# Votre chat et vos voyages

À l'occasion, il vous arrivera de vous absenter de la maison – vacances, visite à des amis ou à des parents, séjour à l'hôpital, voyage d'affaires – et vous devrez prendre des dispositions pour qu'on s'occupe de votre chat. Il y a plusieurs possibilités.

## Prévoir longtemps d'avance

Quelle que soit l'option choisie, prenez vos dispositions longtemps à l'avance parce que :

- vous devrez vous assurer que les vaccins de votre animal sont à jour ;
- vous devrez peut-être obtenir un passeport pour animal de compagnie si vous amenez votre chat à l'étranger ;
- les bonnes pensions pour chats affichent complet très vite aux périodes de pointe, de même que les gardiens à domicile, et vous devrez voir d'abord de ce côté ;
- vous devrez vous assurer que l'entretien de votre chat ne posera pas de problèmes à vos amis, parents et voisins durant votre absence ;
- vous devrez vous assurer que votre lieu de séjour accepte les chats si vous avez l'intention d'emmener le vôtre ;
- vous devez habituer votre chat à voyager.

*En apportant son panier, sa literie et ses jouets préférés à la pension pour chats (ou chatterie), vous l'aiderez à se calmer et à sentir un peu comme chez lui.*

*La solution idéale peut être une personne de confiance qui vient au moins deux fois par jour remplir les bols de nourriture et d'eau, nettoyer les bacs à litière et témoigner de l'affection aux chats auxquels les pensions ne conviennent pas.*

## Les pensions pour chats

Renseignez-vous sur les pensions pour chats de votre région auprès de vétérinaires, de vos amis qui possèdent des chats, de vos voisins et de vos parents. Visitez l'établissement (ou les établissements) vous-même pour vous faire une idée. Comme votre chat aura besoin d'être vacciné contre les maladies ambiantes avant d'entrer à la pension, assurez-vous qu'il a eu d'avance ses injections de rappel. Apportez les certificats de vaccination quand vous conduirez votre chat à la pension, parce que le personnel voudra s'assurer que tout est en ordre de ce côté.

Les meilleures pensions pour chats ont été construites de façon à ce que chaque chat dispose d'une petite cabine et d'un espace extérieur qui lui soient propres. La cabine devrait être propre, sèche et chaude, avec de l'espace pour installer son panier, ses bols de nourriture et d'eau, de même que ses effets personnels ; l'espace extérieur devrait inclure un endroit pour le bac à litière, un autre pour qu'il fasse de l'exercice, une tablette pour se percher ou lézarder, et un griffoir. Les pensions intérieures ne sont pas idéales, car il y a un plus grand risque de contagion dû à une aération insuffisante.

## Les gardiens d'animaux à domicile

Les gardiens d'animaux à domicile sont une bonne solution de rechange, particulièrement si vous avez plusieurs animaux. Ils peuvent s'installer chez vous pendant votre absence, peu importe la durée de celle-ci. Même s'il peut vous en coûter cher, vous aurez l'esprit tranquille en sachant que tant votre

*Les chats doivent toujours être transportés dans une cage solide, sûre. Plus ils seront habitués de voyager, moins ils s'en formaliseront.*

maison que votre animal seront entre bonnes mains. Faites affaire avec une agence réputée – idéalement, elle vous aura été recommandée de vive voix – qui sélectionne son personnel avec soin et offre des garanties en cas d'incident.

Les gardiens d'animaux à domicile ont suivi une formation pour s'occuper d'animaux de toutes sortes. Comme certains d'entre eux se spécialisent auprès de certaines espèces qu'ils préfèrent, faites appel à quelqu'un qui connaît les chats. Vous pouvez trouver de tels gardiens dans les magazines consacrés aux chats et sur Internet.

## Emmener votre chat

Si vous voulez que votre chat vous accompagne de façon régulière à l'intérieur de votre pays, il faut d'abord l'habituer à voyager, que ce soit en voiture ou en transport collectif. Entraînez-le dès qu'il est jeune en effectuant de courts voyages. Vérifiez auprès des compagnies de transport public s'il y a des règles particulières relatives au transport des animaux familiers.

Pour qu'il se sente en sécurité, mettez sa literie et ses jouets préférés dans la cage. Assurez-vous qu'il ne fasse pas trop chaud dans la voiture et qu'elle soit bien ventilée, sinon le chat sera incommodé par la chaleur. Ne le sortez jamais de sa cage, sauf s'il y a urgence. Emporter un enclos pliant peut s'avérer une bonne idée ; votre chat sera en sûreté dans la chambre d'hôtel quand vous vous absenterez.

## Emmener votre chat à l'étranger

Des modifications législatives récentes permettent maintenant aux animaux familiers de voyager dans de nombreux pays sans exigence de quarantaine. Renseignez-vous sur les lois qui s'appliquent dans votre pays, car celles qui concernent le déplacement des animaux familiers varient grandement, et elles sont régulièrement mises à jour et révisées. Adressez-vous au service gouvernemental concerné (au Canada, c'est l'Agence canadienne d'inspection des aliments, mais des gouvernements provinciaux offrent aussi des services à cet effet). Le Programme de voyage des animaux de compagnie (PVAC) s'applique désormais aux chats et aux chiens qui résident dans un pays certifié PVAC. Avant de chercher à passer la frontière avec votre chat et à le remmener par la suite, renseignez-vous sur les aspects suivants :

- les restrictions qui s'appliquent ;
- les mesures que vous devez prendre pour vous conformer aux règles relatives à l'identification de l'animal, à ses vaccins et à ses traitements antiparasitaires ;
- le temps qu'il vous faut au préalable pour vous conformer à ces règles.

## VOS CHOIX POUR VOTRE CHAT QUAND VOUS PARTEZ EN VACANCES EN UN COUP D'ŒIL

| POSSIBILITÉS | AVANTAGES | INCONVÉNIENTS |
|---|---|---|
| **Pension** | • La plus facile des solutions.<br>• Sécurité.<br>• Vous savez qu'on prendra soin de votre chat comme il faut.<br>• Si votre chat se blesse ou tombe malade, il sera soigné adéquatement et sans délai. | • Solution coûteuse.<br>• Le chat doit être vacciné.<br>• Les chats malades ou contaminés ne sont pas admis.<br>• Risques de contagion.<br>• Le chat peut se languir. |
| **Visites à domicile** | • Aucun coût.<br>• Le chat demeure dans son propre environnement.<br>• Nul besoin de vaccins si vous y êtes opposé. | • Le chat ne sera pas toujours sous surveillance.<br>• Un chat seul peut s'ennuyer.<br>• Pouvez-vous vous fier sur la personne pour qu'elle rende visite au chat au moins une fois par jour et s'en occupe adéquatement ?<br>• Si le chat se blesse ou tombe malade, il pourrait ne pas être traité adéquatement sur-le-champ. |
| **Demeurer chez la personne qui en prendra soin** | • Aucun coût.<br>• Dans le meilleur des cas, le chat aura toujours de la compagnie.<br>• Nul besoin de vaccins. | • Le chat peut s'échapper et s'égarer.<br>• Le chat pourrait ne pas s'habituer à son nouveau milieu, devenir dépressif et développer des troubles de comportement. |
| **Garde d'animaux à domicile** | • Le chat aura la compagnie d'une personne d'expérience en ce domaine.<br>• Nul besoin de vaccins.<br>• Votre maison aussi sera entretenue. | • Solution coûteuse.<br>• Vous ne souhaitez peut-être pas la présence d'un étranger chez vous. |
| **Emmener votre chat** | • Vous savez que votre chat recevra votre attention et vos soins.<br>• Votre chat aura tout le temps de la compagnie. | • Il peut s'avérer difficile de trouver un lieu de séjour convenable pour chats.<br>• Satisfaire aux normes du PVAC quand vous voyagez à l'étranger (consultez la page 70) peut s'avérer coûteux et compliqué.<br>• Votre chat peut s'échapper et s'égarer.<br>• Votre chat peut détester le voyage.<br>• Votre chat peut ne pas s'habituer.<br>• Votre chat peut contracter une maladie. |

# LES SOINS DE SANTÉ

Comme tout autre mammifère, le chat possède un squelette qui protège ses organes internes, lesquels lui permettent de transformer sa nourriture et de se reproduire. Des muscles puissants sont attachés à son squelette afin qu'il se meuve. Le chat s'accouple avec le sexe opposé, et la femelle met au monde des petits complets et vivants qu'elle allaite et élève jusqu'à ce qu'ils soient aptes à survivre par eux-mêmes.

Tous les chats, peu importe leur race, partagent la même physiologie (la manière dont fonctionne un être vivant). Ils se distinguent seulement les uns des autres par des aspects mineurs : une conformation anatomique plus compacte ou allongée, certaines anomalies dans le pelage, l'équilibre des parties ou la structure osseuse, qui résultent de mutations particulières ou de croisements sélectifs.

Assurer à son chat un bon régime alimentaire et de l'exercice prévient de nombreux problèmes médicaux, tout comme le fait de déceler précocement les symptômes que quelque chose ne va pas.

Cette section vous informe sur tout ce qu'il vous faut savoir à propos de la physiologie et de la santé du chat, depuis les contrôles antiparasitaires de routine jusqu'aux vaccins, en passant par la reproduction et la stérilisation.

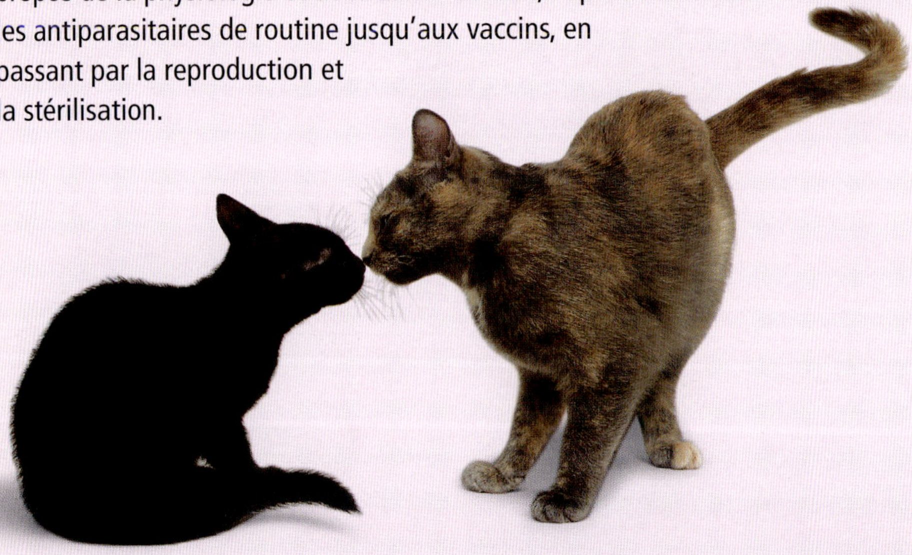

# Le corps du chat

Le corps du félin est un remarquable tour de force du génie de la nature qui a évolué en un magnifique animal empreint de grâce et doté de formidables aptitudes athlétiques. Pour garder votre chat dans sa meilleure forme, il est utile de savoir comment le corps de votre animal est bâti, comment il fonctionne, comment déceler quelque chose qui ne va pas et quoi faire quand votre chat tombe malade ou se blesse.

### Le squelette du chat

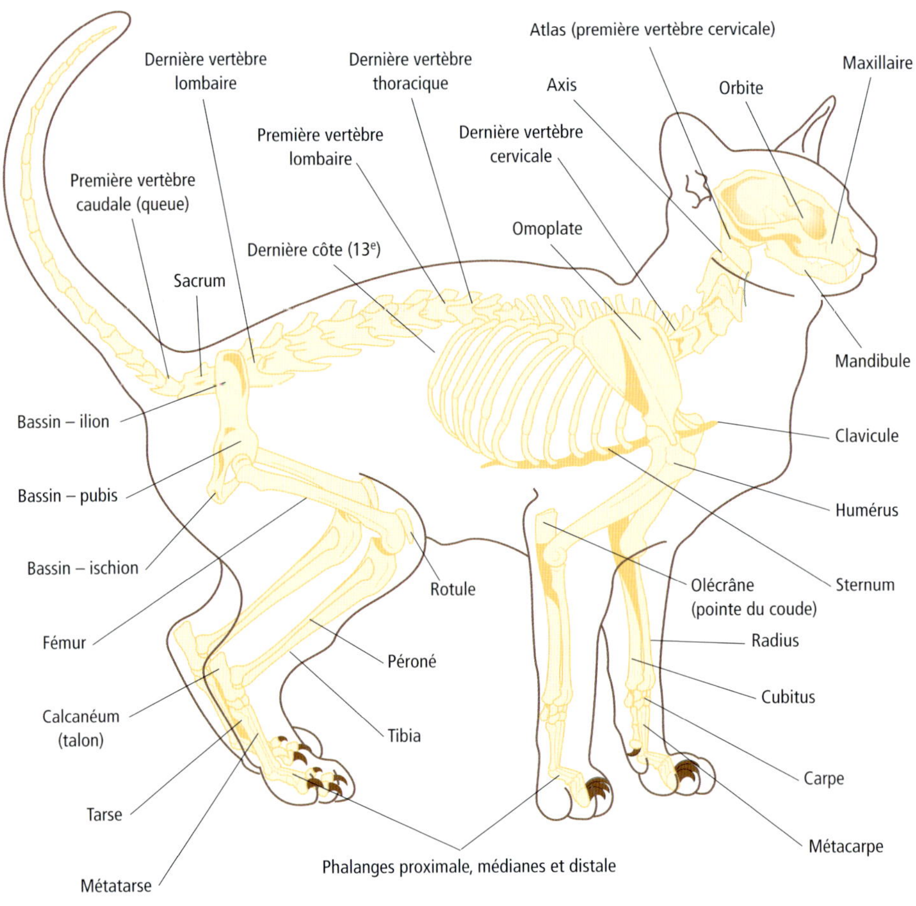

## Les os

Le corps du chat a beau être plus petit que celui de l'homme, il compte pourtant un plus grand nombre d'os – quelque 230 contre les 206 chez l'homme. Le squelette du chat est constitué d'une structure semi-rigide qui supporte d'autres éléments structuraux plus délicats.

Les os de l'épine dorsale, des membres, des épaules et du bassin (articulés ensemble via muscles et tendons) comprennent un système efficace de leviers qui facilitent le mouvement, tandis que le crâne, la cage thoracique et le bassin protègent les organes vitaux qui y sont logés.

Il y a quatre types d'os distincts – long, court, irrégulier et plat – et chaque type exerce une fonction particulière. Liés entre eux par les tendons et les ligaments, ils forment le squelette.

### Les os longs

Ces os cylindriques et creux renferment la moelle osseuse vitale dans laquelle sont fabriquées les cellules sanguines. Ils forment les membres du chat. Les os longs du chat sont l'humérus, le radius, le cubitus, le fémur (os de la cuisse), le tibia et le péroné.

### Les os courts

Ces os sont faits d'un centre spongieux entouré de matière compacte. Ce sont les os des pattes et de la rotule (là où le fémur et le tibia s'articulent l'un à l'autre).

### Les os irréguliers

Appelés ainsi à cause de leurs formes, ces os ont une structure semblable à celle des os courts. Une longue suite d'os irréguliers compose l'épine dorsale (ou colonne vertébrale) et la queue. Les saillies irrégulières des os de l'épine dorsale servent d'ancrage aux divers muscles du dos.

### Les os plats

Ces os sont composés de deux couches de matière compacte entre lesquelles se trouve une couche spongieuse ; ils incluent le crâne, le bassin et les omoplates. Des os plats et longs forment les 13 paires de côtes du chat ; ces os ne sont pas vides, mais contiennent une quantité substantielle de moelle, qui produit les cellules sanguines.

## Le système musculaire

Un réseau complexe de muscles recouvre le squelette. Il procure au chat la puissance et la grâce de ses mouvements, et, en outre, la souplesse de sa forme. Il y a trois types de muscles dans le corps du chat : cardiaque, lisses (involontaires) et striés (volontaires).

### Le muscle cardiaque

Ce muscle spécialisé forme le cœur ; il possède la propriété unique de se contracter rythmiquement pour faire circuler le sang dans le corps via le réseau d'artères et de veines. Semblable au cœur humain, il a quatre cavités et deux pompes.

### Les muscles lisses

Appelés aussi muscles involontaires, ils remplissent des fonctions qui ne sont pas sous le contrôle du chat. Ils comprennent les muscles du système digestif et des parois des vaisseaux sanguins.

### Les muscles striés

Il s'agit de tissus musculaires dans lesquels les fibres contractiles sont disposées en faisceaux parallèles (d'où le terme « strié »). Ils sont attachés aux membres et aux autres parties de l'anatomie qui sont sous le contrôle volontaire du chat – le mouvement, par exemple. Ils sont aussi appelés muscles volontaires.

Les muscles striés sont généralement attachés aux os qui forment des articulations. Les muscles

### LIGAMENTS ET TENDONS

Les **ligaments** sont des faisceaux de tissu fibreux très résistant. Ils unissent des os ou des cartilages, ou les éléments d'une articulation. Ce sont aussi des replis membraneux qui supportent des organes et les maintiennent en position.
Les **tendons** sont des liens de matière fibreuse résistante, flexible, mais non élastique, qui attachent les muscles aux os.

**extenseurs** étirent et redressent un membre, tandis que les **muscles fléchisseurs** plient l'articulation. Les muscles qui éloignent les membres du corps sont dits **abducteurs**, alors que les muscles **adducteurs** les ramènent en position. Le corps du chat abrite plus de 500 muscles striés, lui permettant d'être à la fois gracieux et mesuré dans ses mouvements.

## Le système (ou appareil) respiratoire

La respiration procure au chat l'oxygène vital au maintien de la vie. Pendant la respiration, le chat aspire de l'air dans ses conduits nasaux via le nez et la bouche. Cet air descend dans la gorge (pharynx) et la trachée, traverse les bronches et atteint les poumons où se produit un échange gazeux – le gaz carbonique du sang s'infiltre dans les alvéoles pulmonaires, tandis que l'oxygène de l'air se mêle au sang pour le revivifier. L'air impur est alors expulsé. La respiration est automatique : les muscles de la poitrine se contractent et se détendent, agissant à la manière d'une pompe sur les côtes et le diaphragme, aspirant et expulsant l'air des poumons. Le rythme respiratoire varie selon les individus ; il dépend de :

- l'âge,
- l'exercice,
- l'état émotif,
- la température ambiante.

Le rythme respiratoire normal d'un chat adulte en bonne santé et au repos se situe entre 20 et 30 respirations à la minute.

## Le système circulatoire (ou circulation sanguine)

Chaque cellule de l'organisme a besoin d'un apport nutritif ; celui-ci est fourni par le sang qui, en outre, débarrasse le corps de ses déchets. Le sang est constitué de cellules sanguines rouges et de corpuscules sanguins blancs qui baignent dans un liquide appelé plasma. Le plasma contient les plaquettes, lesquelles renferment un agent coagulant qui agit en cas de coupure ou de blessure.

Les cellules sanguines rouges transportent l'oxygène, tandis que les globules blancs recueillent et transportent les impuretés et les bactéries qui ont envahi les cellules rouges.

### Un incroyable périple

Le sang est continuellement en circulation dans l'organisme grâce à la pompe cardiaque et à ses quatre cavités. Son voyage débute dans l'oreillette gauche (cavité supérieure). Enrichi par l'oxygène des poumons, le sang quitte l'oreillette gauche pour le ventricule gauche (cavité inférieure) et, de là, il est poussé dans une grosse artère, l'aorte. Ensuite, il s'engage rapidement dans toutes les artères et les artérioles, puis dans un fin réseau de capillaires à travers tout l'organisme, distribuant ses réserves d'oxygène et de nutriments en chemin. Pendant qu'il distribue ces derniers, il recueille les déchets (bactéries, cellules sanguines mortes et gaz carbonique).

**Le système circulatoire**

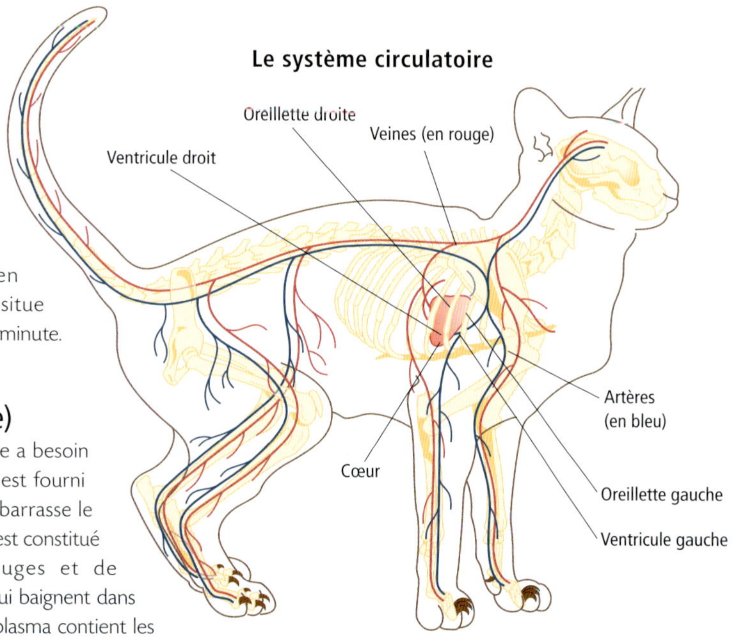

Le sang quitte ensuite les capillaires pour entrer dans de minuscules veines (les veinules). Chargé de déchets, il commence alors à ralentir avant d'atteindre les grosses veines qui le conduisent aux poumons pour se débarrasser des déchets et refaire le plein d'oxygène et de nutriments. Il entre ensuite dans le cœur pour recommencer son voyage.

## Pourquoi les chats somnolent-ils souvent après les repas ?

Les différentes parties de l'organisme requièrent d'être nourries de sang enrichi de substances nutritives à des moments différents. Après un repas consistant, par exemple, l'abdomen du chat exige plus de sang pour faciliter la digestion, mais au détriment de l'approvisionnement du cerveau et d'autres parties de l'organisme. Par conséquent, le chat (et, en fait, de nombreux autres animaux) a besoin de se reposer ou de dormir après avoir mangé ; le cerveau est alors moins actif et l'énergie est dépensée pour la digestion plutôt que pour d'autres activités.

## Le pouls

En passant dans l'aorte, le sang provoque l'expansion de ses parois et l'onde de pression (le pouls) se transmet aux autres artères. Chez un chat adulte en santé et au repos, selon son état émotif et la température ambiante du moment, le pouls est de 160 à 240 pulsations (ou battements) à la minute.

# Le système (ou appareil) digestif

Le système digestif du chat est adapté à sa nature : celle d'un chasseur carnivore qui ne réussit pas toujours à capturer son repas et qui, par conséquent, doit être en mesure de se repaître d'une grosse proie de temps en temps. Sa gueule est faite pour déchirer ou découper les aliments et les avaler rapidement, ne laissant pratiquement pas de temps aux sucs salivaires de procéder à la première décomposition de l'amidon en glucose sanguin. Il s'ensuit que l'amidon présent dans le régime du chat a très peu de valeur nutritive.

Les sucs gastriques des félins sont plus puissants que ceux d'un humain ; en fait, ils sont assez puissants pour ramollir un os. Les chats peuvent avaler de gros morceaux de leurs proies (rongeurs et oiseaux), et tout élément, comme les plumes, les poils et les os, qui n'est pas décomposé rapidement dans l'estomac sera régurgité.

Dans l'estomac, les protéines sont décomposées en acides aminés (les éléments de base des protéines). Ceux-ci sont ensuite combinés pour former les éléments constitutifs nécessaires au remplacement des cellules de l'ensemble de l'organisme du chat. De l'estomac, la nourriture partiellement digérée passe à travers un orifice appelé pylore pour accéder à l'intestin grêle. De nouvelles transformations digestives

**Les principaux organes**

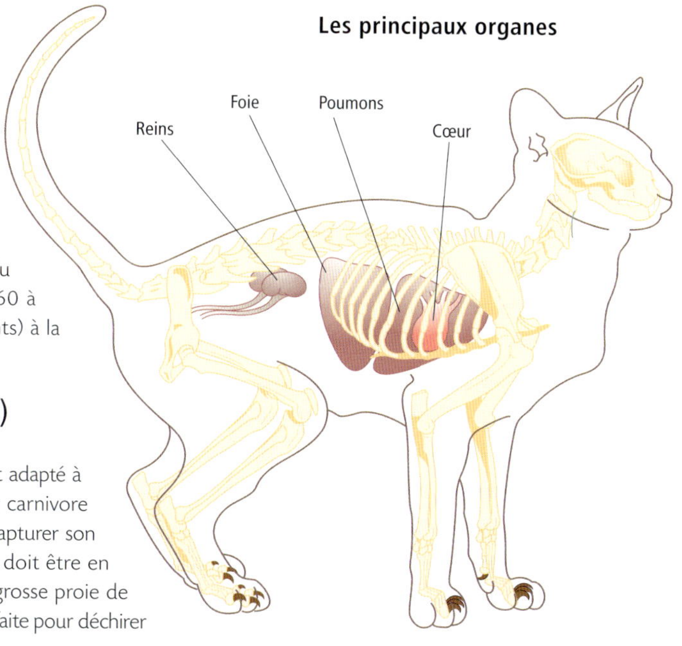

s'y déroulent, aidées en cela par les sécrétions du pancréas et du foie. Les graisses sont décomposées et extraites, les sucres subissent des changements de structure pour être mis en réserve et les minéraux sont absorbés.

Depuis l'intestin grêle, les aliments réduits à l'état liquide sont acheminés dans le gros intestin, où ils sont soumis à l'action des bactéries spécialisées qui s'y trouvent. Le surplus d'eau est extrait et utilisé là où le besoin se fait sentir, tandis que les déchets aboutissent au côlon d'où ils seront rejetés sous forme solide (les selles) ou liquide (l'urine).

**Le crâne et les dents**

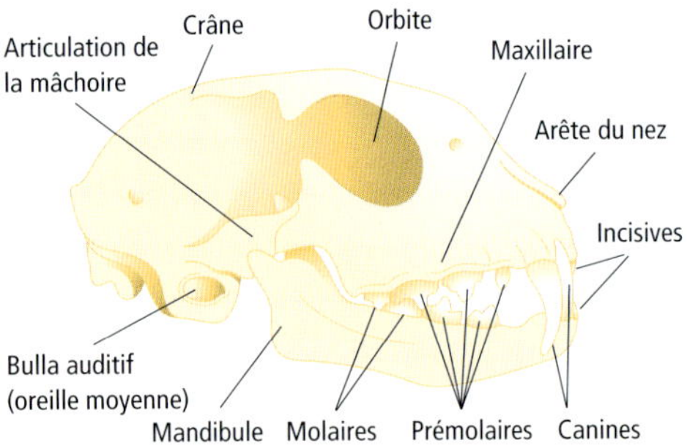


## Les dents

Les dents du félin sont faites pour mordre, découper et déchiqueter des aliments crus et résistants plutôt que pour les mâcher ; ces fonctions gardent la dentition en bon état. Les dents de lait du chaton tombent vers l'âge de six mois pour céder la place aux dents permanentes. À la naissance, les dents sont tout juste visibles dans les gencives, mais elles poussent vite. Comme à l'âge de six semaines les dents des chatons sont fortes et pointues comme des aiguilles, leur mère sera moins tentée de les allaiter ; un processus de sevrage naturel s'ensuit, alors que, idéalement, les chatons ont des morceaux de viande crue à mastiquer.

À l'occasion, un phénomène de « double dentition » se manifeste quand un chaton conserve ses dents de lait. Il peut être alors nécessaire de recourir à un vétérinaire pour extraire les dents de lait afin qu'elles ne gênent pas la croissance et l'action des dents permanentes, sans quoi des troubles digestifs ou autres pourraient en résulter.

## Les pattes et les griffes

Les pattes antérieures du chat sont composées de groupes de trois petits os, chacun formant un doigt correspondant à celui d'une main humaine. Les os minuscules à l'extrémité de chaque doigt sont hautement spécialisés et articulés de manière à ce que les griffes puissent être sorties et rentrées à volonté. Le chat n'a pas de pouce, mais un doigt équivalent composé de deux os forme l'ergot. Dans les pattes postérieures, les os sont plus longs, mais le premier orteil est absent aussi.

Les griffes sont composées de kératine (la même substance qui forme le poil). Elles poussent continuellement depuis la base, comme les ongles humains. Il y a cinq griffes à chaque patte antérieure et quatre à chacune des pattes postérieures – la cinquième griffe agit à peu près comme notre pouce, permettant au chat de s'agripper quand il grimpe ou de tenir une proie.

### Les chats dotés de doigts supplémentaires (polydactyles)

À l'occasion, un chat aura plus de doigts que d'habitude, soit aux pattes antérieures ou postérieures, soit aux unes comme aux autres. Cette anomalie survient parfois chez les chats hybrides, mais il n'y a pas lieu de s'alarmer (c'est une simple mutation génétique) parce que, dans la plupart des cas, cela n'affecte ni la santé ni les mouvements du chat. Si l'anomalie se manifeste chez un chat de race, cela posera de sérieux problèmes à l'éleveur, mais aucun pour le chat. Le chat ne sera pas conforme aux standards de la race et, conséquemment, aura peu de valeur. Les chats de race affligés de cette anomalie ne devraient pas être accouplés afin de ne pas la perpétuer.

## La peau et le pelage

La peau des félins est composée de deux couches de tissu : le **derme** (couche interne) et l'**épiderme** (couche externe), qui est constamment remplacé à mesure qu'il meurt et tombe en minuscules fragments de peau morte (les pellicules). Il y a des glandes sudoripares (pour la sueur) dans la peau, mais elles semblent exister surtout pour excréter les impuretés de l'organisme plutôt que pour le contrôle de la température corporelle. Les véritables glandes sudoripares sont situées dans les coussinets des pattes.

Les glandes sébacées s'ouvrent sur les follicules et produisent une substance visqueuse, huileuse, appelée sébum, qui enduit chaque poil à mesure qu'il croît. Les glandes odorantes sont situées sur le front, juste au dessus des yeux (glandes temporales), près des lèvres (glandes périorales) et près de la base de la queue.

Le poil provient de la couche externe de la peau et agit à titre de couverture isolante. Il est modifié à certains endroits pour produire les cils, les sourcils et les moustaches. Il y a trois types principaux de poils :

- le **duvet** (sous-poils), dont les poils sont les plus courts, les plus fins et les plus doux, est situé près de la peau pour conserver la chaleur corporelle ;
- les **poils de barbe** composent le pelage moyen et sont légèrement plus raides ; ils s'élargissent près de la pointe avant de s'effiler ; ils servent en partie à l'isolation, en partie à la protection ;
- les **poils de garde, ou de jarre**, sont les plus épais, les plus longs et les plus rigides ; ils composent la robe de surface dont la fonction est de protéger le pelage interne contre les éléments.

La proportion de duvet, de poils de barbe et de poils de garde varie considérablement chez les chats domestiques ; chez le chat sauvage, il y a environ 1000 poils de duvet pour 300 poils de barbe et 20 poils de garde. Les muscles attachés aux gros follicules permettent de hérisser les poils à angle droit avec la peau, ce qui se produit notamment quand le chat est malade et que sa température est anormale.

Tous les poils, particulièrement les poils de garde, sont sensibles au toucher, mais encore plus sensibles sont les **vibrisses** (moustaches, sourcils et poils similaires sur les joues, le menton et à l'arrière des pattes antérieures), qui sont plus grosses et plus épaisses. Les moustaches sont profondément enracinées dans la lèvre supérieure et sont entourées par une masse

**La peau et le pelage**

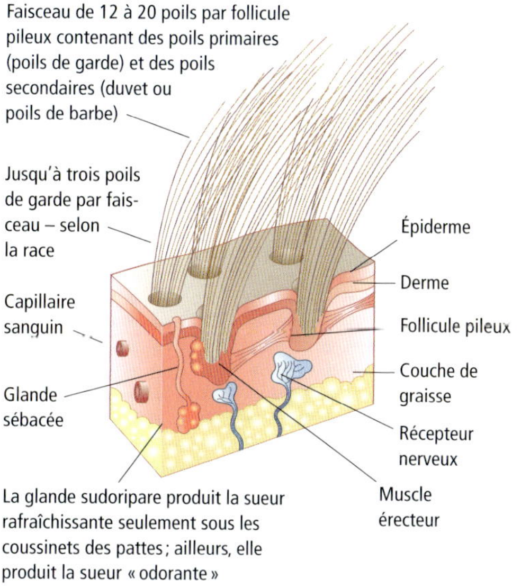


de minuscules terminaisons nerveuses ; celles-ci transmettent l'information relative à tout ce qui entre en contact avec les moustaches et, aussi, à tout changement dans la pression de l'air autour d'elles. Les vibrisses agissent aussi comme guide quand il y fait trop noir pour voir, permettant au chat de se déplacer sans heurter les objets.

Les chats perdent des poils constamment (en particulier ceux qui vivent en milieux dotés du chauffage central). Ceux qui passent beaucoup de temps dehors développeront un pelage d'hiver plus épais qu'ils perdront avec le réchauffement de la température au printemps ; il est courant que leur robe apparaisse très inégale à cette époque.

# Les sens du chat

Les systèmes nerveux et sensoriel du chat sont essentiels à sa santé et à son bien-être. Ses perceptions et ses réactions à l'environnement dépendent de ses sens ; le mouvement est contrôlé par le système nerveux central (cerveau et moelle épinière), alors que le système endocrinien (glandes productrices d'hormones) contrôle ses comportements types.

## Le système nerveux central

Le système nerveux central contrôle et coordonne les activités quotidiennes du chat. L'information reçue par les organes sensoriels est constamment contrôlée par le système et traitée selon son importance. Le chat y donne suite immédiatement, l'écarte ou la met en réserve pour utilisation future, selon ce qui est approprié. Le cerveau comprend trois régions très distinctes : le cerveau antérieur (prosencéphale), le cerveau moyen (mésencéphale) et le cerveau postérieur (rhombencéphale).

### Le cerveau antérieur

Cette région s'occupe du sens de l'odorat via le lobe olfactif, de la mémoire et de l'intelligence. Elle renferme aussi le thalamus (qui répond aux impulsions qui arrivent de la moelle épinière) et l'hypothalamus (qui contrôle les processus régulateurs internes).

### Le cerveau moyen

Cette région contient les lobes optiques et traite les signaux émis par la lumière ; par conséquent, le cerveau moyen est responsable de la vision du chat.

**Le cerveau et ses fonctions**

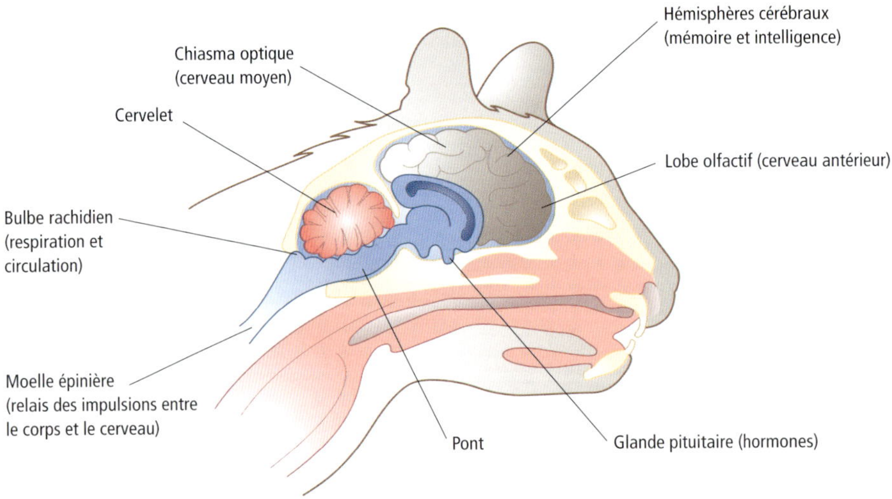

## Le cerveau postérieur

Le cervelet contrôle l'équilibre et l'extrémité élargie de la moelle épinière forme le bulbe rachidien, responsable des systèmes respiratoire et circulatoire. La glande pituitaire (qui produit des hormones) est située dans cette région, de même que le système limbique qui contrôle la digestion des aliments. Sans surprise aucune, cette partie du cerveau est essentielle à la survie du chat.

**Le système nerveux central**

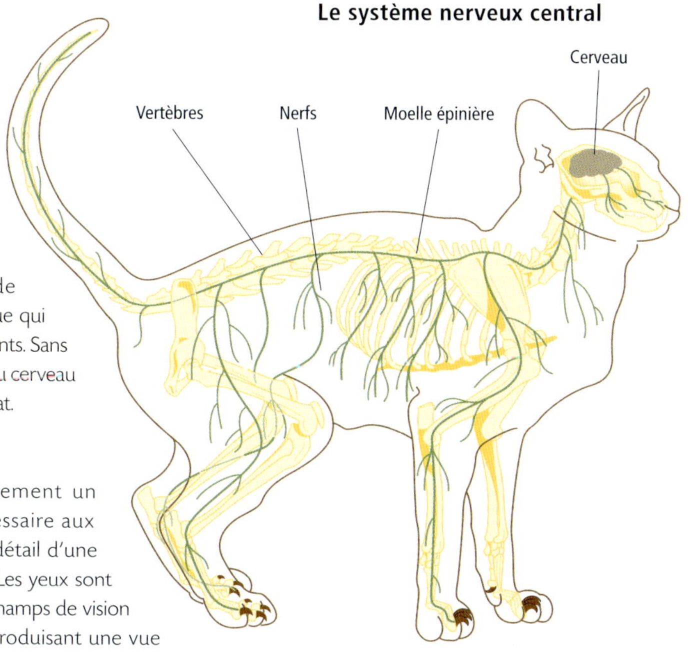


# La vue

Les chats requièrent seulement un sixième de la lumière nécessaire aux humains pour distinguer le détail d'une forme ou d'un mouvement. Les yeux sont orientés vers l'avant et leurs champs de vision respectifs se chevauchent, produisant une vue stéréoscopique légèrement plus large que la nôtre. Cela donne au chat la capacité d'estimer les distances avec précision quand il saute, ou s'élance et saute sur une proie qu'il chasse.

Étant relativement grands et logés dans de profondes orbites, les yeux du chat ne se meuvent pas librement, mais l'obligent à tourner la tête pour focaliser avec précision sur les objets. Les chats ne sont pas daltoniens, mais ils perçoivent le monde dans des nuances plus subtiles que nous. Leurs yeux sont protégés de la lumière vive par la contraction de l'iris qui réduit la pupille à une mince fente, ne laissant pénétrer qu'une faible quantité de lumière jusqu'aux délicats mécanismes à l'arrière de l'œil ; quand l'iris se contracte, la précision de la vision s'accroît. Outre les paupières supérieure et inférieure, le chat possède une troisième paupière appelée membrane nictitante. C'est une fine couche de peau rangée dans le coin de l'œil. Elle a pour fonction d'enlever la poussière et la saleté de la cornée en glissant sur la surface du globe oculaire à l'occasion de tout mouvement de l'œil vers l'intérieur ; en outre, elle garde l'œil humide et lubrifié.

**L'œil**

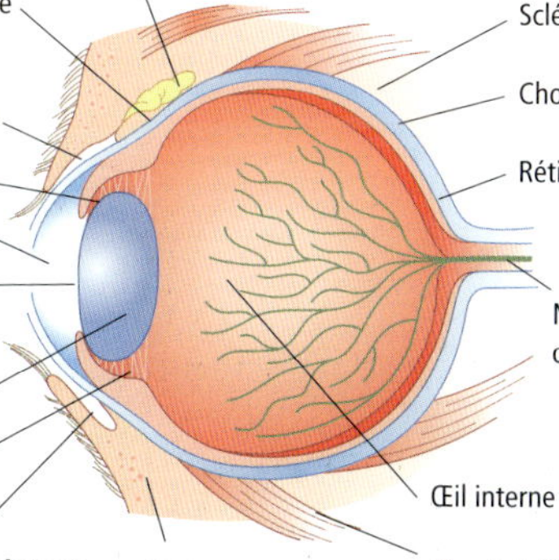

## L'odorat

L'odorat des félins est environ 30 fois plus développé que chez l'humain, et il est essentiel pour la sexualité du chat et sa quête d'eau et de nourriture. L'épaisse membrane spongieuse (muqueuse olfactive) du nez qui couvre une surface plus de deux fois supérieure à celle des humains contient 200 millions de cellules olfactives. Quand de microscopiques particules de substances odorantes dans l'atmosphère sont aspirées dans le cours de la respiration normale, elles stimulent les terminaisons nerveuses ultrasensibles des poils fins qui tapissent les cavités nasales.

Dans le palais du chat se trouve un organe spécial muni de cellules réceptrices. Connu sous le nom d'organe voméronasal ou organe de Jacobson, il s'agit d'un tube long de 1,2 cm, dont l'ouverture est située tout juste derrière les incisives. Les odeurs dignes d'intérêt sont aspirées par la bouche et dirigées vers l'organe de Jacobson pour y être examinées en détail. L'expression faciale des chats – gueule ouverte, lèvres retroussées et nez froncé – quand ils se livrent à cet exercice est appelée flehmen ou réaction de moue.

## L'ouïe

Comme l'ouïe des félins est exceptionnellement bien développée, les chats entendent des bruits qui sont tout à fait inaudibles à l'oreille humaine. Ils peuvent percevoir les ultrasons qui précèdent une action, ce qui explique pourquoi ils réagissent souvent avant que nous soyons en mesure de savoir que quelque chose se passe. L'oreille est composée de trois sections : l'oreille externe, l'oreille moyenne et l'oreille interne.

### L'oreille externe

Le pavillon agit comme un entonnoir qui dirige les ondes sonores vers le tympan, lequel est tendu à travers le canal auditif et sépare l'oreille externe de l'oreille moyenne. Le tympan vibre sous le coup des ondes sonores.

### L'oreille moyenne

Ici, trois petits os – le marteau, l'enclume et l'étrier – transmettent le son relayé par le tympan jusqu'à la cochlée logée dans l'oreille interne.

*Quand des chats qui se connaissent bien se croisent, ils se flairent pour confirmer l'identification visuelle et recueillir de l'information : Comment vas-tu ? Où étais-tu passé ? Qu'as-tu fait ces derniers temps ?*

**L'oreille**

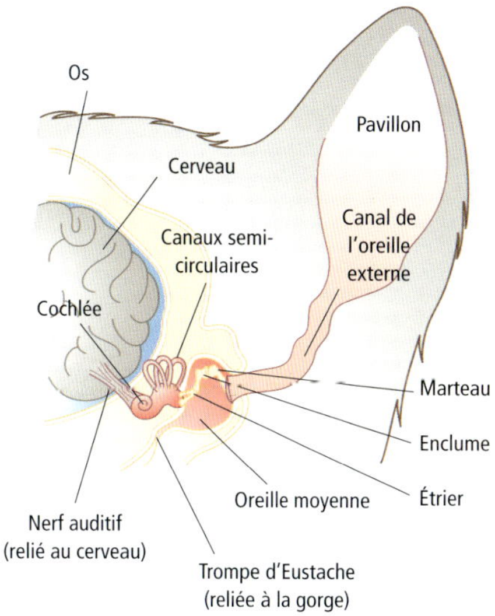

*Les grands pavillons de ses oreilles permettent au chat de cibler les sons et de juger d'où ils proviennent, ce qui lui permet de localiser une proie avec précision même s'il ne la voit pas.*

## L'oreille interne

La cochlée est une cavité en spirale renfermant l'organe de Corti qui convertit les vibrations transmises par l'oreille moyenne en impulsions nerveuses. Celles-ci suivent alors le nerf auditif jusqu'au cortex auditif du cerveau où elles sont décodées et identifiées par comparaison avec des sons déjà emmagasinés dans la mémoire.

# Le goût

Il semble que la langue du chat puisse faire la différence entre des aliments salés, surs ou amers. La plupart des chats manifestent un goût pour les choses salées, mais ils sont pratiquement incapables de goûter les saveurs sucrées. Le goût en soi ne paraît pas avoir beaucoup d'importance pour la majorité des chats. Toutefois, c'est grâce à leur langue que les très jeunes chatons, quand ils quittent le giron maternel les premières fois, testent les surfaces et les objets nouveaux qu'ils croisent sur leur chemin ; très concentrés à la tâche, ils les lèchent avec soin et méthode. On ne sait pas au juste comment l'information ainsi recueillie est analysée et mise en mémoire, mais ce comportement se manifeste seulement pendant la période la plus importante de leur apprentissage.

# Le toucher

Les chats utilisent leur nez, leurs pattes et leurs moustaches pour examiner des objets par le toucher, après les avoir préalablement flairés. Ils se brûlent rarement au contact d'aliments ou de liquides chauds, car ils se servent de leur nez comme d'un thermomètre pour vérifier la température. Leurs moustaches servent à mesurer l'espace de chaque côté du corps et à évaluer la distance qui les sépare des objets quand ils sont dans l'obscurité. Des chats affectueux tapoteront souvent le visage ou le corps de leur maître pour attirer son attention. Les chats chasseurs tâtent leur proie avec leurs pattes pour savoir si elle est morte ou vivante. Les chattes usent souvent de leur face et de leurs pattes pour toucher leurs chatons. Les chats utilisent aussi leur face, leurs moustaches et leurs pattes pour se toucher les uns les autres.

# Les soins de santé de routine

Connaître votre chat et ses comportements habituels vous permettra de déceler ce qui ne va pas chez lui. Si les malaises sont détectés rapidement, leur traitement précoce évitera qu'ils n'entraînent des problèmes plus graves ; la plupart du temps votre chat souffrira moins et vos frais de vétérinaire seront moins élevés. La surveillance des humeurs et des habitudes de votre chat, de même que les examens de routine réguliers vous permettront de jauger son état de sa santé.

## Les examens de routine à domicile

Pour connaître l'état de santé, la condition et le comportement de votre chat, gardez un œil sur chacun des aspects suivants.

### La condition générale, la peau et le pelage

Le chat sain est alerte, intéressé par ce qui se passe autour de lui, curieux et prend bien soin de lui-même. Sa peau est propre, souple et flexible, et sa robe est douce et lustrée, non pas terne et plate. Vérifiez qu'il n'y ait pas de parasites, de blessures, de pellicules, de mottes et de croûtes.

### L'appétit et la soif

Tout changement dans les habitudes de manger et de boire peut signaler un problème digestif, urinaire ou buccal ; si c'est le cas, il est urgent de conduire votre chat chez un vétérinaire dans les plus brefs délais.

### Le toilettage

Un chat sain nettoie et toilette son pelage constamment. Un chat malade se néglige à ce chapitre et a bientôt l'air dépenaillé. Les raisons de ce défaut d'hygiène incluent les douleurs buccales et la rigidité des articulations (qui pourrait signaler de l'arthrite), tandis que les chattes qui cessent de nettoyer leur région génitale pourraient être affligées par de désagréables sécrétions.

### La gueule et les dents

L'haleine du chat ne devrait pas être mauvaise : les problèmes dentaires sont faciles à diagnostiquer à cause de l'odeur désagréable qui en résulte. L'intérieur de la gueule et la langue devraient être rose pâle – des gencives blanches sont signe d'anémie, des gencives rouges qui saignent indiquent une gingivite (consultez les pages 107-108), alors que des gencives bleues ou grises suggèrent un problème de

#### LES PROBLÈMES DE SANTÉ EN UN COUP D'ŒIL

- Du sang dans l'urine ou les selles
- Difficulté respiratoire
- Toux ou éternuement
- Diarrhée/constipation
- Difficulté à manger
- Difficulté à éliminer
- Faiblesse ou fièvre
- Perte de pelage ou incapacité de s'autotoiletter
- La membrane nictitante (troisième paupière) reste visible
- Soif accrue ou réduite
- Boitement (ou claudication)
- Perte d'appétit
- Changement soudain de comportement
- Sécrétions nasales
- Pâleur des lèvres et des gencives
- Le chat se gratte ou se lèche obstinément
- Signes de douleur intense
- Démarche raide ou instable
- Abdomen gonflé
- Ulcération de la gueule
- Vomissement
- Perte ou gain de poids

*Si votre vétérinaire connaît votre chat presque aussi bien que vous, sa familiarité assurera souvent un traitement plus efficace et plus réussi.*

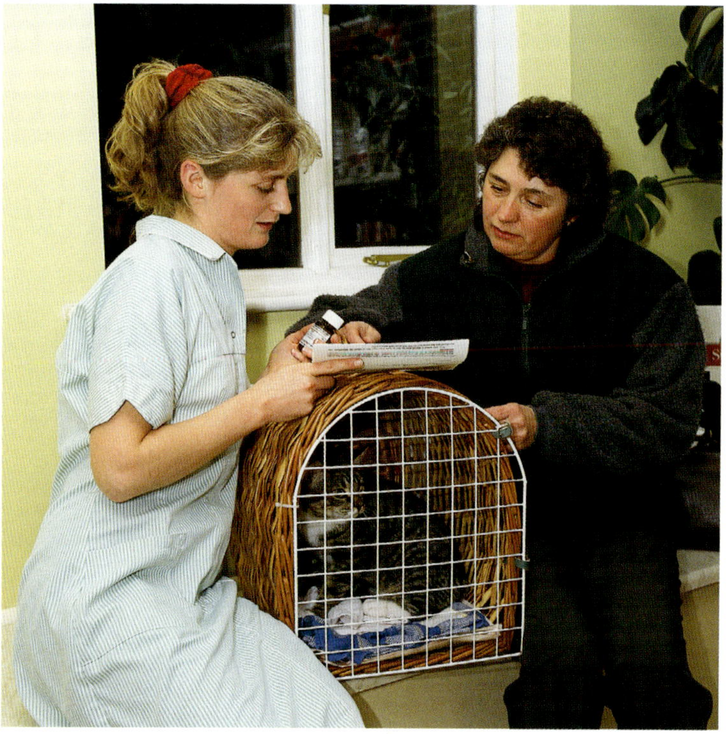

circulation. Si votre chat manifeste une réticence ou une incapacité à manger, demandez conseil à un vétérinaire, car son comportement pourrait être dû à un abcès buccal, à une dent cassée ou à tout autre problème de nature plus grave.

## Les yeux, les oreilles et le nez

Les yeux doivent être clairs, brillants et libres de sécrétions. Certaines races de chats ayant des caractéristiques faciales « typées » souffrent souvent de sécrétions des yeux ; cela résulte de la déformation de la structure du crâne qui fait que les larmes ne peuvent drainer les yeux comme elles le feraient normalement. Ces sécrétions peuvent être enlevées à l'aide d'une ouate trempée dans de l'eau propre bouillie puis refroidie. Tout voile à la surface de l'œil requiert l'attention du vétérinaire. Les pupilles doivent être de la même taille et la membrane nictitante (troisième paupière), rétractée.

La surface interne de l'oreille (pavillon et canal auditif) doit être propre, lisse et sans odeur, et légèrement huileuse au toucher. Des oreilles qui sentent mauvais ou qui sont sales nécessitent un examen vétérinaire, car il y a possibilité d'infection.

Le nez doit être propre, légèrement humide et libre de sécrétions. Un nez qui coule est souvent le symptôme d'une infection virale ou d'une allergie.

## Le poids

Comme les humains, les chats varient beaucoup en taille et en forme. Le poids moyen d'un chat adulte est d'environ 4 à 5 kg ; un petit chat peut peser seulement 2,5 kg et un gros chat, jusqu'à 5,5 kg. Votre vétérinaire saura vous indiquer le poids idéal de votre chat ; toute déviation devra être suivie de près. Les chats obèses ont une espérance de vie plus courte que les chats de poids normal parce que l'excès de poids exige un surcroît de travail du cœur

## Administrer des médicaments et des comprimés

*Ne donnez que des médicaments prescrits ou conseillés par le vétérinaire, et administrez-les tel qu'indiqué. Il vaut mieux avoir quelqu'un avec vous pour tenir le chat quand vous lui donnez un médicament ou un comprimé.*

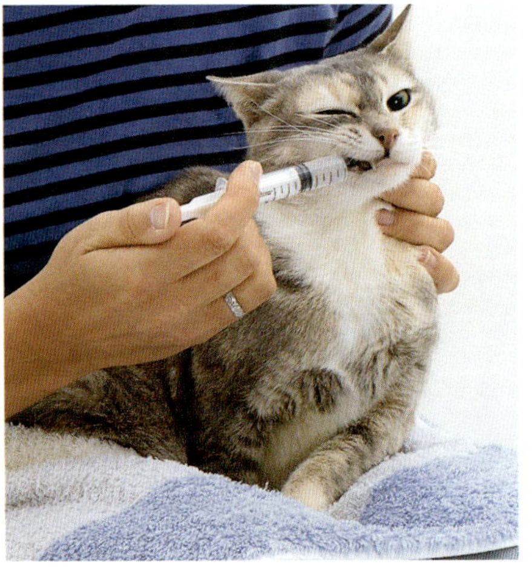

### LA SERINGUE

*Donner un médicament au moyen d'une seringue (votre vétérinaire peut vous en fournir) est la méthode la plus facile pour l'administrer. Insérez l'extrémité dans le coin de la gueule du chat et injectez une petite quantité à la fois, en caressant la gorge du chat pour l'inciter à avaler.*

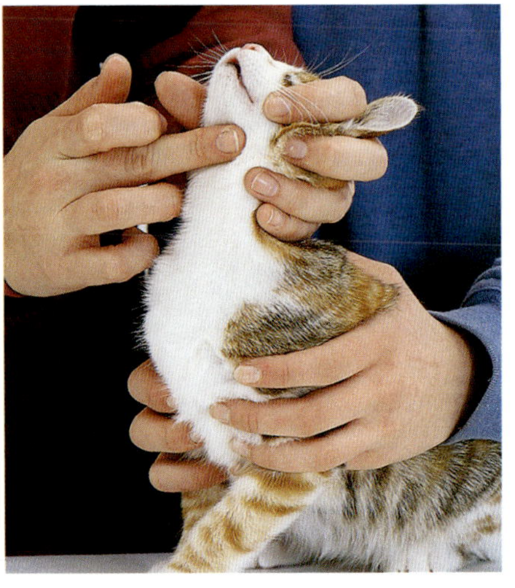

### LE DISTRIBUTEUR DE COMPRIMÉS

*Administrez les comprimés à l'aide d'un distributeur (disponible chez les vétérinaires) ou avec vos doigts – bien que cette dernière méthode puisse s'avérer plus difficile. Retroussez la tête du chat vers l'arrière tel qu'illustré et insérez le comprimé dans la gueule, puis maintenez-la fermée avec douceur.*

### L'AIDER À AVALER

*Pour inciter le chat à avaler le comprimé, caressez-lui délicatement la gorge.*

## Appliquer des traitements topiques

**ADMINISTRER DES GOUTTES DANS LES YEUX**

*Utilisez seulement les traitements prescrits par votre vétérinaire et appliquez-les tel qu'indiqué. Pour administrer des gouttes ou un onguent dans un œil, immobilisez la tête du chat et visez le centre de l'œil.*

**ADMINISTRER DES GOUTTES DANS LES OREILLES**

*Pour appliquer des gouttes dans une oreille, immobilisez la tête de votre chat, injectez les gouttes, puis massez délicatement la base de l'oreille pour assurer que le liquide est uniformément distribué dans la zone interne affectée. N'introduisez rien dans le canal de l'oreille.*

et des membres. Une perte de poids peut être le signe d'un mal interne, comme la présence de parasites ou des troubles du pancréas. Consultez un vétérinaire.

### Les selles et l'urine

Si votre chat éprouve des difficultés à déféquer ou à uriner, il a besoin d'être vu par un vétérinaire de toute urgence. Les selles doivent être fermes, ni dures ni molles, alors que l'urine doit être jaune pâle, sans être brouillée ni dégager une odeur nauséabonde. Selles et urine doivent être exemptes de traces de sang.

### L'aisance de la démarche

La rigidité dans les mouvements peut signaler des problèmes d'articulations. Le boitement suppose une source directe de douleur, telles la fracture d'un membre, une blessure, une épine plantée dans le coussinet d'une patte ou une infection de la gaine des griffes. Une réticence généralisée à se déplacer combinée à des cris quand on prend le chat, ou même seulement quand on le touche, peut être due à une blessure ou à un mal interne.

## Les examens de santé vétérinaires

Choisissez un vétérinaire spécialisé en santé féline et efforcez-vous d'entretenir de bons rapports avec celui-ci. Un propriétaire de chat qui conduit régulièrement son animal chez le vétérinaire pour des examens de santé ou des vaccins de routine, qui demande conseil sur le contrôle des parasites et les soins dentaires sera un client respecté à qui le vétérinaire sera prêt à consacrer plus de temps.

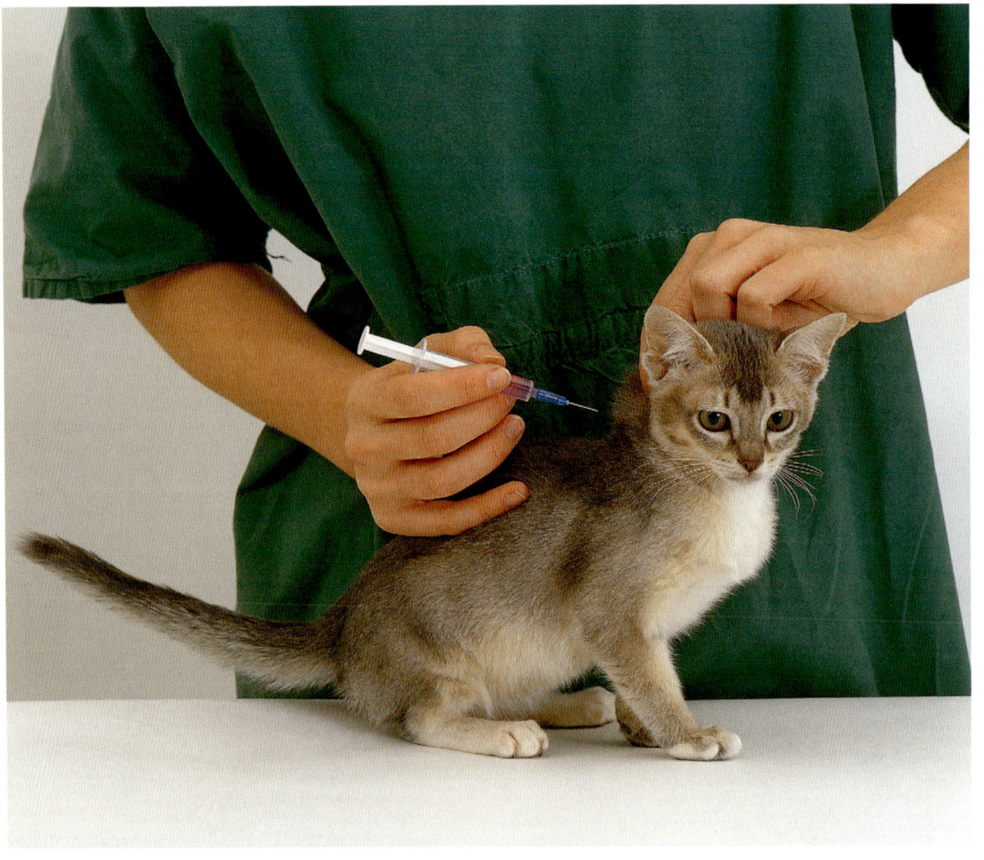

*Idéalement, les chats doivent être en parfaite santé quand on leur administre un vaccin afin de réduire le risque de réaction à celui-ci.*

Conduisez votre chat chez le vétérinaire pour un examen général au moins une fois l'an (combinez cette visite avec le rappel annuel des vaccins) et tous les six mois pour les vieux chats (âgés de 10 ans ou plus). Ces visites servent souvent à détecter des problèmes de santé avant qu'ils ne s'aggravent. En tenant un journal du comportement et de la santé de votre chat et en étant capable d'expliquer le moindre des changements notés et quand ils se sont manifestés pour la première fois, vous aiderez le vétérinaire à traiter votre animal de façon adéque et rapide.

## Le contrôle des parasites

Les chats, particulièrement ceux qui vont dehors, peuvent être affligés par de nombreux parasites externes et internes, poux, puces, infections fongiques, tiques ou vers, qui peuvent tous provoquer une mauvaise santé. Il existe une vaste gamme de préparations disponibles dans les animaleries et les supermarchés pour traiter ces parasites, mais elles ne sont pas aussi efficaces que celles qu'un vétérinaire peut prescrire sur ordonnance. Bien que les premiers soient moins coûteux et plus faciles à obtenir, ils s'avèrent souvent moins économiques à long terme.

### LES MALADIES VIRALES QUE COMBATTENT LES VACCINS

- La leucose féline (FeLV), consultez la page 115.
- La « grippe » du chat – cette maladie existe sous deux formes : l'herpès félin (aussi appelé rhinotrachéite virale féline) et la maladie calcivirale féline (FCV), consultez la page 107.
- L'entérite infectieuse féline (FIE), aussi appelée panleucopénie féline, consultez la page 114.
- La chlamydiose, consultez la page 112.
- La rage.
- La péritonite infectieuse féline (PIF) – le vaccin est offert aux États-Unis et au Canada, consultez la page 116.

N'utilisez jamais plus d'un traitement anti-puces à la fois, sinon votre chat pourrait souffrir d'une surdose. Vous devez aussi traiter l'environnement interne où vit votre chat, sinon la réinfestation sera immédiate. Passez à l'aspirateur les tapis et tout endroit où votre chat aime dormir régulièrement, et lavez sa literie une fois par semaine ou à peu près pour détruire les œufs de puce.

Les vers intestinaux (vers ronds et vers plats) sont contrôlés plus efficacement par des traitements tout-en-un prescrits et administrés par un vétérinaire. Le régime anti-vers typique commence par le traitement des chatons âgés de 4 à 16 semaines contre les vers ronds tous les 15 jours ; à compter de l'âge de six mois, traitez le chat tous les deux à six mois (selon qu'il s'agit d'un chat d'extérieur ou d'intérieur) contre les vers ronds et les vers plats. Demandez conseil à votre vétérinaire pour le meilleur programme de lutte et de traitement anti-vers pour votre chat.

## La vaccination

Les chats, comme tout autre animal, sont sujets à des maladies virales, dont certaines peuvent être fatales. Bien qu'ils ne puissent les transmettre aux humains (exception faite de la rage), ils peuvent contaminer d'autres chats, soit par la voie des airs, soit lors de l'accouplement ou de tout autre contact physique. Il est recommandé de faire vacciner votre chat afin de :

- prévenir sa mort prématurée en raison d'une maladie féline virale ;
- prévenir la propagation épidémique des maladies félines virales ;
- aider à l'élimination des maladies félines virales ;
- vous permettre de mettre votre chat en pension quand vous partirez en vacances ;
- lui permettre de participer à des concours ;
- vous permettre de voyager à l'étranger en compagnie de votre chat, si vous le désirez.

## Quand vacciner ?

Les vaccins sont administrés sous forme d'injections par un vétérinaire. Les chatons peuvent recevoir leur première dose à neuf semaines environ, suivie d'une deuxième à 12 semaines. L'immunisation complète n'est effective que de sept à dix jours après la deuxième dose. Par la suite, les chats devraient recevoir des injections de rappel chaque année ou aux deux ans afin de maintenir l'immunisation (selon l'avis du vétérinaire et selon des tests menés pour mesurer le degré d'immunisation), mais aussi pour satisfaire aux exigences des pensions pour chats, des demandes de passeport et des concours.

## Les risques liés aux vaccins

Il y a certains risques associés aux vaccins, mais ils sont généralement bénins et les réactions sévères sont rares. Votre chat pourrait avoir une petite bosse au point d'entrée de la seringue, ou il pourrait être léthargique et sans appétit durant les 24 heures suivant l'injection, mais il récupérera bientôt. Si vous vous faites du souci à propos du comportement ou de l'état de santé de votre chat après une injection, consultez sans tarder votre vétérinaire. Dans l'ensemble, la plupart des vétérinaires recommandent la vaccination afin d'empêcher certaines maladies félines d'atteindre des proportions épidémiques, particulièrement dans les zones urbaines où un grand nombre de chats vivent en contact étroit.

# La stérilisation

**Si vous désirez que votre chat se reproduise, vous devrez déterminer si vous voulez uniquement des chatons ou mettre sur pied un véritable élevage. Si ce n'est pas le cas et que votre chat doit être seulement un animal de compagnie, faites-le stériliser, qu'il s'agisse d'un mâle ou d'une femelle.**

*La stérilisation vous épargnera la lourde responsabilité de trouver des foyers stables et chaleureux pour les chatons.*

## Pourquoi la stérilisation est-elle une bonne solution ?

Un chat adulte non stérilisé a besoin de transmettre ses gènes. La défense d'un territoire relativement étendu, la compétition avec les rivaux et la séduction des femelles exigeant de grandes dépenses d'énergie, les matous ont souvent l'air efflanqué et dépenaillé, et leur corps affiche les cicatrices et les abcès résultant de leurs innombrables batailles. En outre, le vagabondage peut poser un problème, alors que mâles et femelles recherchent des partenaires (consultez la page 44).

En plus du risque d'avoir des chatons non désirés, il y a le risque beaucoup plus grave que des chats se transmettent des maladies comme le virus immunodéficitaire félin (VIF), c'est-à-dire le virus du chat apparenté au sida.

## Quand stériliser ?

La stérilisation (ovariectomie chez les femelles et émasculation chez les mâles) devrait être effectuée quand le chat atteint la maturité sexuelle, soit vers l'âge de six mois, ou à tout autre moment par la suite. Chaque vétérinaire a ses propres idées sur l'ovariectomie de femelles en chaleur ; cela tient à ce que les organes reproducteurs sont alors gorgés de sang et qu'ils posent des risques chirurgicaux plus graves. La stérilisation des chats de race ou de concours est souvent reportée afin qu'ils atteignent d'abord leur développement physique complet.

## Question de coût

Comme l'opération est plus délicate dans le cas des femelles, l'ovariectomie est plus coûteuse que l'émasculation. Certaines organisations caritatives pour animaux offrent des programmes de stérilisation pour venir en aide aux propriétaires de chat à revenus modestes. Renseignez-vous auprès du personnel de votre centre de soins vétérinaires local ou contactez les organisations caritatives pour animaux de votre région afin de savoir si vous êtes admissible.

## L'ovariectomie

Une fois l'animal sous anesthésie générale, le vétérinaire rasera et nettoiera la zone opératoire. Ensuite, il pratiquera une petite incision depuis le nombril vers les pattes postérieures, ou dans un flanc, afin d'enlever les ovaires, les trompes de Fallope et l'utérus. Il refermera la plaie à l'aide de deux ou trois points de suture, qui seront enlevés environ une semaine plus tard – à moins qu'il n'ait utilisé des points fondants qui se dissoudront graduellement.

## L'émasculation

Le vétérinaire anesthésie le chat et lui enlève les testicules et une section du cordon spermatique via une incision du scrotum ; cette incision est si petite qu'elle ne requiert pas de suture.

## Soins préopératoires et postopératoires

Le chat doit être à jeun (nourriture et eau) 12 heures avant l'opération et la plupart des chats récupèrent au cours des quelques heures qui suivent.

## L'OVARIECTOMIE ET L'ÉMASCULATION

### L'OVARIECTOMIE

*Avant l'ovariectomie : le système reproducteur de la femelle comprend les ovaires, les trompes de Fallope et l'utérus.*

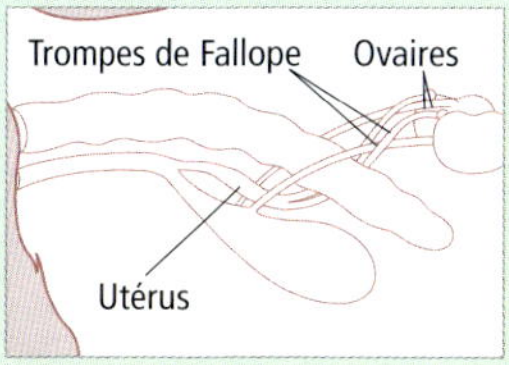


**Chatte**

*Après l'ovariectomie : les ovaires, les trompes de Fallope et l'utérus ont été enlevés.*

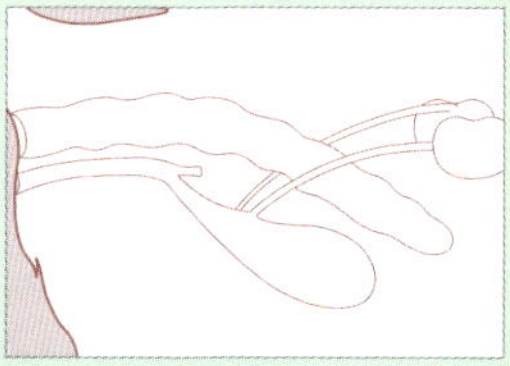

**Femelle stérilisée**

### L'ÉMASCULATION

*Avant l'émasculation : le système reproducteur du mâle comprend les deux testicules dans leur sac (scrotum), reliées au pénis par le canal déférent (cordon spermatique).*

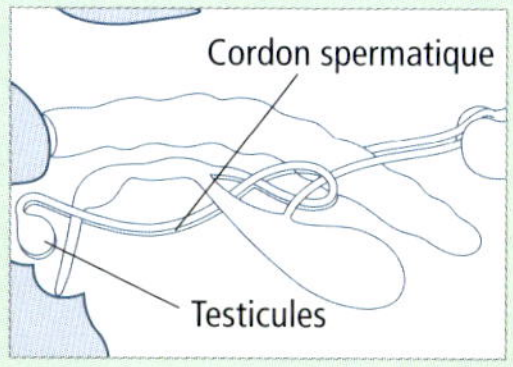


**Matou**

*Après l'émasculation : les testicules et une section du canal déférent ont été enlevés.*

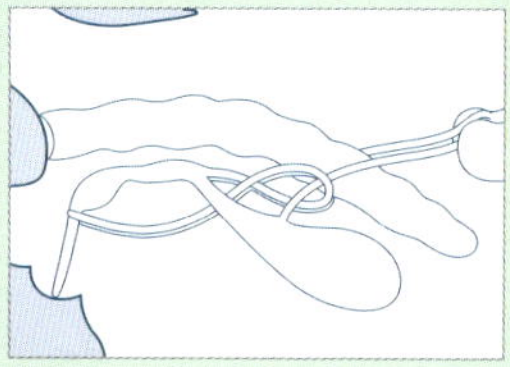

**Mâle stérilisé**

Quand vous ramènerez votre chat à la maison après l'opération, il sera probablement encore sous l'effet de l'anesthésie. Installez-le au chaud dans un lieu tranquille et disposez à proximité un bol d'eau, un repas léger de poisson blanc ou de poulet cuits et son bac à litière. Le vétérinaire vous aura avisé de garder le chat à l'intérieur ou de le laisser aller dehors. Empêchez-le gentiment de mordiller ou de trop lécher la suture. Si vous avez quelque inquiétude que ce soit, renseignez-vous auprès du vétérinaire. Si vous ne parvenez pas à empêcher votre chatte de mordiller les points de suture, demandez-lui un collier élisabéthain (collerette).

## Le comportement d'un chat stérilisé

S'ils sont stérilisés quand ils sont chatons, le mâle et la femelle auront un comportement semblable à celui qu'ils avaient avant l'opération. Les changements mineurs auxquels il faut s'attendre sont la réduction du territoire, la diminution des batailles avec d'autres chats, une attitude plus affectueuse et plus docile, des chats sujets à passer plus de temps à la maison et des mâles moins enclins à vagabonder.

Les chats stérilisés ont tendance à devenir moins actifs que les chats non stérilisés en vieillissant, mais leur espérance de vie est plus longue. Vous devrez peut-être moins nourrir votre chat et jouer davantage avec lui chaque jour afin de le stimuler à faire de l'exercice.

## La contraception

On peut administrer un traitement hormonal aux chattes pour prévenir les grossesses non désirées, mais il y a des séquelles à tout traitement contraceptif prolongé. Il peut causer des problèmes d'infertilité si vous prévoyez l'accouplement ultérieur de la chatte ; en outre, il peut entraîner un accroissement de l'appétit, un gain de poids, de la léthargie, des troubles de comportement et des maladies urinaires.

Vous pouvez aussi avoir recours à des médicaments contraceptifs pour prévenir une grossesse non désirée une fois que l'accouplement a eu lieu (mésalliance). Dans ce cas, le vétérinaire injectera des hormones qui prendront le dessus sur les propres hormones de la chatte, induisant son corps à croire qu'elle n'est pas enceinte. Cela occasionnera une nouvelle période de chaleurs (œstrus). Certains vétérinaires répugnent à administrer ce traitement parce qu'il peut en résulter des séquelles graves comme le développement du pyometra, une infection de l'utérus qui peut mettre en danger la vie de la chatte.

# La conception, la gestation et la mise bas

Le besoin de se reproduire et de transmettre ses gènes à la génération suivante est très puissant chez les félins non stérilisés ; aussi, une chatte en bonne santé qui a le loisir de croiser des mâles et de se nourrir amplement peut donner naissance à deux ou trois portées de chatons par année. Comme la survie de l'espèce dépend de la procréation, la gestation et la mise bas sont les choses les plus naturelles du monde. Laissés à eux-mêmes, les chats ont une façon assez bruyante de mener leur parade nuptiale, surtout quand plusieurs matous convergent vers la même chatte en chaleur et consentante ; toutefois, dans la plupart des cas, un mâle est en mesure de tenir les autres à distance pour pouvoir s'accoupler avec succès.

## L'accouplement et la conception

Quand une femelle est prête à s'accoupler, elle se roule sur le sol pour enjôler les mâles – les chattes devraient être complètement débarrassées de leurs vers avant l'accouplement. La parade nuptiale peut s'avérer assez longue : bien qu'elle désire s'accoupler, la femelle n'accepte pas d'entrée de jeu les avances du mâle. Quand elle consentira finalement, le mâle l'agrippera fermement par la peau du cou pour l'immobiliser pendant qu'il la monte et la pénètre.

Après l'accouplement, quand le mâle se retire, les barbillons à l'extrémité de son pénis, qui stimulent l'ovulation chez la femelle, arrachent des cris de douleur à celle-ci. Elle se retourne alors contre lui pour se défendre. À ce moment, le mâle s'esquive en vitesse de crainte que la femelle ne l'attaque. L'implication du mâle dans le processus de reproduction est désormais terminée.

Après l'accouplement, la femelle se roule sur le sol et se lave. Quelques minutes plus tard, elle peut être prête à s'accoupler de nouveau, ce qui augmente ses chances d'être enceinte.

## Prendre soin d'une chatte enceinte

Outre l'accroissement de son régime alimentaire avec de la nourriture formulée spécialement pour les femelles enceintes afin de subvenir aux nouvelles exigences de son organisme (consultez les pages 20-21), traitez la mère comme d'habitude durant sa gestation. À mi-chemin de la période de gestation, elle

*Les yeux des chatons nouveau-nés sont fermés hermétiquement et ne commenceront à s'ouvrir qu'à compter du dixième jour ; il arrive toutefois qu'ils s'ouvrent dès le milieu de la première semaine.*

*Les chattes déménageront leurs chatons si elles ne se sentent pas en sécurité, ou si le lit devient sale ou infesté de puces. Les chatons se font mous quand elle les saisit par la nuque, ce qui ne leur cause aucun mal et permet de les transporter plus facilement.*

commencera à se montrer plus prudente quand viendra le temps de sauter et de se glisser dans des passages étroits, à cause de sa taille élargie.

Faites preuve de beaucoup de délicatesse en la prenant et la câlinant, car elle pourrait n'apprécier ni l'un ni l'autre avec un ventre plein de chatons. Si elle souffre de constipation, substituez un de ses repas quotidiens par des aliments huileux, comme des sardines, ce qui facilitera le passage des selles.

Préparez un lit (appelé aussi « boîte de maternité ») pour la mise bas, et placez-le dans une coin tranquille et peu fréquenté de la maison. Une grosse boîte de carton solide fera l'affaire ; taillez une ouverture dans l'un des côtés à 15 cm du sol, assez grande pour que la chatte puisse y passer facilement. Doublez le fond avec du papier journal en guise d'isolant et recouvrez-le d'une épaisse couche de papier essuie-tout pour obtenir un matelas de mise bas qui soit doux, absorbant et jetable. Montrez à la mère où se trouve le lit ; gardez toutefois en tête que, en dernière instance, elle pourra opter pour un autre emplacement – qui pourrait bien être le dessus ou le dessous de votre propre lit.

Dans le cas des chattes à poil long, coupez le pelage autour de la sortie (pour contribuer à l'hygiène et faciliter la mise bas) et des mamelons (pour faciliter la tâche aux chatons). Épongez délicatement sa région anale deux fois par jour si elle est enceinte d'une grosse portée et se trouve dans l'incapacité de se laver elle-même. Assurez-vous qu'elle est débarrassée de toute puce ou mite dans les 10 jours précédant la mise bas – consultez votre vétérinaire pour tout traitement convenant à une chatte enceinte.

## La gestation, le travail et la mise bas

La période de gestation des chats est de neuf semaines (environ 63 jours). Les mouvements des fœtus sont perceptibles à compter de la septième semaine. Quand la mise bas sera proche, la femelle commencera à préparer son « lit » : elle cherchera un endroit à l'écart, sombre de préférence, et sûr pour mettre bas.

Les chattes mettent bas et élèvent leurs petits par instinct, sans aide, bien qu'elles s'améliorent avec l'expérience. Toutefois, dans une colonie naturelle, d'autres femelles de la parenté l'aideront, agissant comme accoucheuses puis comme infirmières suppléantes pour donner un répit à la mère. Cette coopération assure aux chatons une plus grande protection et de meilleures chances de survie.

Il y a deux phases de travail. Durant la première, la chatte tourne en rond en miaulant ou en grondant doucement. Agitée et intriguée, elle regarde constamment derrière elle. Durant la seconde phase, la chatte se rend à son lit ou dans sa boîte, s'étend sur le flanc et se crispe, tandis que les contractions utérines poussent les chatons, un à la fois, dans la filière pelvigénitale.

Le travail et la mise bas se déroulent normalement avec aisance. Une fois la seconde phase amorcée, toute la portée peut voir le jour en une heure ou à peu près, mais il arrive que le processus s'échelonne sur plus de 24 heures entrecoupées de longues pauses entre chaque chaton.

Après la naissance d'un chaton, la mère le débarrasse de la membrane qui l'enveloppe, ce qui lui permet ainsi de respirer et l'incite à le faire. Elle expulse le placenta, relié au chaton par le cordon ombilical, et le mange, tranchant le cordon assez près du corps du nouveau-né. Quand tous les chatons sont nés, la mère se nettoie, puis se couche pour allaiter ses petits en s'enroulant autour d'eux ; elle récupère ainsi pendant une douzaine d'heures environ.

## Les problèmes à la naissance

À l'occasion, les choses vont mal. Si la chatte a eu de fortes contractions pendant 30 minutes sans résultat, appelez d'urgence un vétérinaire pour qu'il l'aide à mettre bas. Parfois, pour diverses raisons, les chatons ne survivent pas. Si la mère endeuillée paraît en détresse, contactez votre vétérinaire : la chatte peut avoir besoin de médicaments pour supprimer ses montées de lait et prévenir ainsi une mastite (inflammation de la glande mammaire). Malgré la perte des petits, l'histoire peut avoir une fin heureuse si le vétérinaire connaît des chatons orphelins ayant besoin d'une mère adoptive. Les autres problèmes qui peuvent surgir durant la gestation ou suivant la mise bas incluent :

- la **fausse couche**, due à une maladie ou parce que les fœtus ne sont pas en bonne santé ;
- l'**infection utérine** après la mise bas, signalée par de la fièvre, des vomissements, une perte d'appétit et des sécrétions vaginales de couleur sombre ;
- la **descente de l'utérus**, signalée par une masse rouge enflée qui est visible à la sortie du vagin.

Il est important de consulter votre vétérinaire sur-le-champ si l'un ou l'autre de ces problèmes se manifeste.

### LES CHATONS ORPHELINS

Dans les rares occasions où des chatons non sevrés sont abandonnés ou deviennent orphelins, il est nécessaire de les élever vous-même. C'est une tâche qui exige beaucoup de temps et d'énergie, mais c'est généralement gratifiant quand, au bout du compte, les bébés sans défense grandissent et deviennent de jeunes chats sains et indépendants. Si les chats se retrouvent dépourvus de mère pour quelque raison que ce soit, consultez immédiatement votre vétérinaire – il connaît peut-être une chatte qui pourrait les adopter, il peut vous mettre en contact avec un éleveur expérimenté qui saura vous conseiller, ou ils pourront tous deux vous indiquer comment élever vous-même les chatons.

*Une cage, assez grande pour contenir un bac à litière et dans laquelle vous mettrez les chatons pendant de brèves périodes au début du sevrage, procurera des périodes de répit que leur mère appréciera grandement. Cette initiative incitera aussi les chatons à utiliser le bac à litière.*

*La chatte encourage très tôt ses chatons à jouer. Par le jeu, les chatons apprennent à développer des habiletés sociales, de combat et de chasse qui les préparent à la vie adulte.*

# La croissance du chaton

**Un jour**

*Le chaton nouveau-né ne peut voir et exerce peu de contrôle sur ses mouvements corporels.*

**Dix jours**

*Les yeux du chaton se dessillent habituellement au bout de dix jours*

**Trois semaines**

*À cet âge, le chaton commence à faire l'expérience de la nourriture solide.*

## Les soins à la mère et aux bébés

Les chatons sont totalement dépendants de leur mère et de son lait durant les trois premières semaines. Ensuite, ils commencent à tâter de la nourriture solide que leur mère leur rapporte sous forme de proies pour qu'ils en mangent, ou que l'humain qui s'occupe d'eux leur procure. La mère doit manger et boire plus que d'habitude pour maintenir une bonne provision de lait. Quatre bons repas par jour devraient suffire, selon le nombre de chatons. Les repas devraient être de modestes proportions et constitués de nourriture fraîche, de préférence composés exprès pour les chattes qui allaitent, de façon qu'elles reçoivent les éléments nutritifs nécessaires à sa santé et à celle de ses petits.

Il est vital pour la mère de garder ses petits propres, sans quoi ils peuvent tomber malades et mourir. La mère continuera à les laver du bout du museau au bout de la queue jusqu'à ce qu'ils aient appris à le faire eux-mêmes.

## Le début de l'apprentissage

Commencez à manipuler les chatons dès qu'ils sont âgés de deux semaines pour amorcer le processus vital de socialisation entre félins et humains. À cet âge, la chatte ne s'inquiétera pas trop de ce que des

**Quatorze semaines**

*Les habiletés motrices du chaton se sont améliorées et sa maîtrise de l'équilibre atteint un sommet.*

**Cinq mois**

*La maturité sexuelle peut être atteinte, bien que cela varie beaucoup d'un chat à l'autre.*

### Cinq semaines

*Maintenant, le chaton peut courir et bien conserver son équilibre.*

### Huit semaines

*Le chaton a appris à bien se comporter avec ses frères et sœurs, et avec les autres animaux de la maison.*

humains familiers touchent à ses bébés. À l'âge de trois semaines, les chatons se tiennent assez bien, mais trottinent avec maladresse sur leurs courtes pattes. Ils peuvent rouler sur le côté et se redresser tout seuls ; ils jouent aussi entre eux, échangeant coups de pattes et morsures. Pendant la quatrième semaine, ils peuvent se déplacer avec assurance et, à la fin de la cinquième semaine, ils peuvent courir et conserver leur équilibre. Toutefois, il faudra encore cinq à six autres semaines avant qu'ils puissent courir, sauter et bondir avec précision, équilibre et coordination.

### Chat adulte

*Le chat atteint sa taille définitive et sa maturité à l'âge d'un an environ.*

## Le sevrage

À quatre semaines, les chatons commencent à explorer l'extérieur de la boîte de maternité et font de plus en plus l'expérience de la nourriture solide (consultez les pages 20-21 pour les indications alimentaires). Donnez-leur des aliments spécialement composés pour chatons afin qu'ils reçoivent tous les éléments nutritifs que nécessitent leurs corps en croissance rapide.

À mesure qu'ils mangent plus solide, leurs excrétions se modifient et leur mère cesse de nettoyer à leur suite ; le temps est maintenant venu de leur fournir leur propre bac à litière. Si la mère ne leur apprend pas à l'utiliser, placez-les dedans après chaque repas ; laissez une petite quantité d'excrétions de leur précédent passage, ce qui les aidera à se souvenir de l'endroit où il leur faut d'abord se rendre.

Les mères sèvrent naturellement leurs chatons quand leur lait diminue graduellement, soit cinq à six semaines après la mise bas. À cet âge, les chatons devraient être complètement sevrés et ne manger que des aliments solides, bien qu'ils puissent parfois retourner vers leur maman pour une tétée de réconfort si elle le permet. À huit semaines, les chatons sont généralement tout à fait indépendants de leur mère pour leurs besoins de nourriture et d'hygiène, et donc prêts pour l'adoption. Pour des informations relatives au comportement du chat à compter de l'âge de huit semaines, consultez les pages 28-33.

# PREMIERS SOINS ET MALADIES

En dépit de toute votre attention, les choses peuvent mal tourner. Il est donc sage d'être prêt à toute éventualité concernant la santé de votre chat. Essayez de réduire au minimum les risques d'accident à la maison et restez vigilant afin de déceler tout signe de mauvaise santé qui pourrait requérir des soins.

# Premiers soins

La connaissance des premiers soins peut s'avérer très utile, voire essentielle à l'occasion. Comme les accidents ont tendance à survenir quand on s'y attend le moins, il est sage d'y être préparé. Les situations d'urgence requièrent des interventions immédiates ; si vous savez quoi faire, vous serez peut-être alors en mesure de limiter les dégâts, voire de sauver la vie de votre chat.

## Une formation de secouriste

Une formation de base de secouriste vous donnera la confiance en soi requise pour affronter une situation d'urgence avec calme et efficacité jusqu'à ce qu'un spécialiste prenne la relève. Certains centres de soins vétérinaires offrent des cours de premiers soins auxquels il vaut la peine de s'inscrire. En pratiquant les techniques de premiers soins sur un chat en bonne santé, vous ne subirez pas la pression et apprendrez ce qu'il faut faire en situation réelle.

## La trousse de premiers soins

Il est utile de garder à la maison une trousse de premiers soins pour traiter les blessures légères et, ainsi, réduire leurs effets sur le chat. Vous pouvez vous procurer les articles de base chez le vétérinaire, à la pharmacie locale ou dans les bonnes animaleries. Une trousse de premiers soins pour chat devraient inclure les articles suivants :

*Il est important de garder une trousse de premiers soins de base à portée de la main afin d'être prêt à faire face à toute situation d'urgence.*

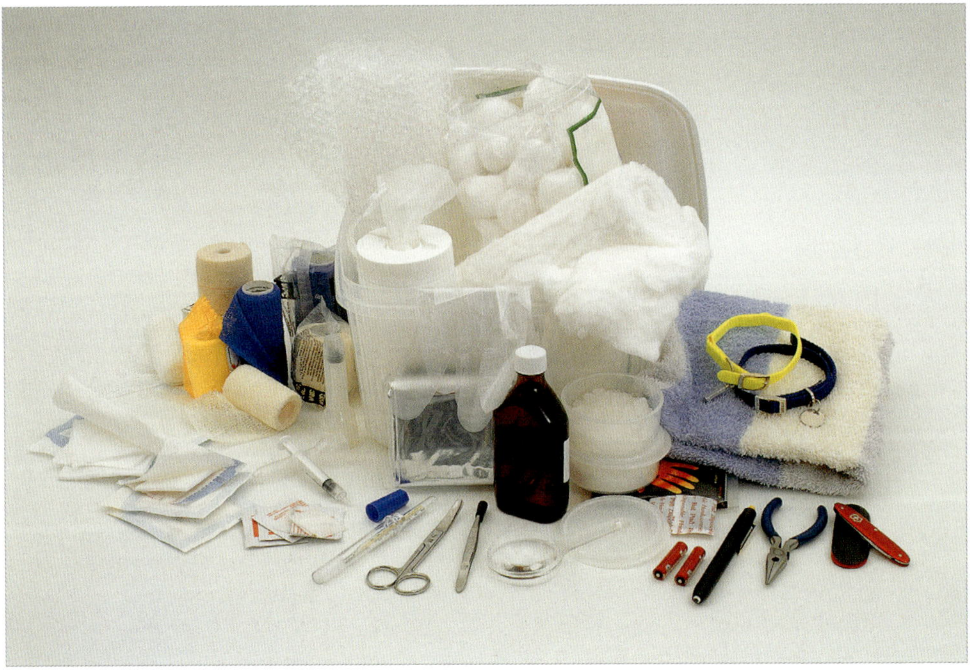

- du **papier essuie-tout** pour éponger tout dégât liquide ;
- un **antihistaminique** pour atténuer les effets des piqûres/morsures d'insectes ;
- une **lotion antiseptique** pour nettoyer les plaies, notamment les morsures d'animaux ;
- une **poudre antiseptique** pour traiter les plaies ;
- des **bandages** pour tenir les pansements en place ;
- un **coupe-griffes** (de type guillotine) ;
- des **bandages adhésifs**, utiles pour tenir les pansements en place ;
- des **cotons-tiges** – humectez-les et utilisez-les pour retirer les graines d'herbe et autres corps étrangers des yeux, pour nettoyer les plaies et appliquer des onguents ;
- des **boules d'ouate** pour baigner les yeux, nettoyer des plaies et utiliser comme pansements – humectez-les toujours avant usage ;
- des **ciseaux recourbés** à bouts ronds pour couper le pelage et tailler les pansements ;
- un **collier élisabéthain** pour empêcher le chat d'avoir accès à des pansements ou à des points de suture ;
- du **glucose en poudre** – mélangez 15 ml (1 c. à soupe) de glucose et 5 ml (1 c. à thé) de sel dans 1 litre (4 tasses) d'eau chaude pour obtenir un liquide réhydratant pour chats ;
- des **gants de protection** épais pour immobiliser un chat ;
- une **gelée lubrifiante** pour enduire le thermomètre avant son insertion ;
- des **pansements non adhésifs** pour les coupures ;
- une **lampe de poche-stylo et des piles** pour examiner la gueule et les oreilles ;
- une **pince à épiler à bouts ronds** pour retirer les aiguillons d'insectes ;
- de **petits récipients d'acier inoxydable ou de plastique** pour les solutions salines ou antiseptiques destinées à baigner les plaies ;
- une **couverture thermale ou une feuille de papier bulle** pour conserver la température corporelle en cas d'état de choc ou d'hypothermie ;
- des **carrés de coton propre** (de vieux linges ou des draps de coton sont idéals) pour appliquer sur une blessure ou contenir une hémorragie ;
- une **solution stérile pour les yeux** – une solution saline pour lentilles cornéennes fera l'affaire ;
- du **ruban adhésif sanitaire**, utile pour tenir les pansements en place ;
- des **gants chirurgicaux** à enfiler si vous traitez une plaie ;
- de **l'alcool à friction** pour enlever les tiques ;
- une **seringue** pour administrer des médicaments liquides ;
- du **sel de table** pour préparer une solution saline (10 ml ou 2 c. à thé de sel dissous dans 1 litre ou 4 tasses d'eau chaude) destinée à nettoyer les plaies ;
- un **thermomètre rectal** – vous pouvez préférer un thermomètre buccal, qui est plus coûteux mais d'usage plus facile ;
- une **serviette** pour envelopper le chat quand on lui administre un médicament ou l'immobiliser à la suite d'un accident.

## Les premiers soins de base

L'essentiel des premiers soins pour un chat s'applique aux voies respiratoires, à la respiration et à la circulation. La priorité des priorités, c'est de vous assurer que les voies respiratoires du chat sont dégagées de façon à lui permettre de respirer, et qu'il respire. Ensuite, vérifiez que son cœur bat. Après cela, vous pouvez vous occuper de tout autre symptôme comme il convient.

### Les voies respiratoires et la respiration

Si le chat s'est évanoui et est toujours inconscient, assurez-vous qu'il respire. S'il respire très faiblement ou pas du tout et que sa langue est bleu noir, ouvrez-lui la gueule et retirez tout ce qui obstrue ses voies respiratoires. Soulevez délicatement son menton afin d'étirer le cou pour ouvrir les voies respiratoires. S'il ne respire toujours pas, vous devrez pratiquer sur lui la respiration artificielle comme suit :

1 Tenez la gueule du chat fermée et couvrez son nez avec votre bouche.

2 Soufflez doucement dans le nez du chat – 30 respirations à la minute (éloignez votre bouche de son nez entre chaque respiration pour lui permettre d'exhaler).

*Un chat malade est rarement coopératif. Se sentant vulnérable, il est sur la défensive ; par conséquent, méfiez-vous de ses griffes et de ses dents quand vous le manipulerez ou que vous lui ferez quelque chose qui ne le réjouira pas. Enveloppez-le toujours dans une serviette pour votre propre protection.*

3 Continuez jusqu'à ce que le chat commence à respirer par lui-même, jusqu'à l'arrivée du vétérinaire ou jusqu'à ce que vous pensiez qu'il est désormais trop tard.

### La circulation

Quand vous aurez pratiqué la respiration artificielle, vérifiez que le cœur bat. Posez l'oreille sur le côté gauche de la poitrine du chat, tout juste derrière le coude, et vous entendrez son cœur battre. Vérifiez son pouls – posez deux doigts à l'endroit même où vous avez posé l'oreille, ou à l'intérieur de la cuisse près de l'aine du chat. S'il n'y a pas de pouls, effectuez un massage de la poitrine comme suit :

1 Placez vos mains de chaque côté de sa poitrine, tout juste derrière ses coudes.
2 En douceur, pressez la poitrine deux fois par seconde (utilisez toujours le plat de la main, jamais vos doigts). N'y allez pas avec trop de force, car les côtes sont très fragiles.
3 Accordez deux respirations au chat pour chaque séquence de quatre compressions. Maintenez ce rythme jusqu'à ce que le cœur recommence à battre, jusqu'à l'arrivée du vétérinaire ou jusqu'à ce que vous ne puissiez rien faire de plus. Vérifiez bien le pouls ou que le cœur bat tout au long du massage cardiaque.

## Le déplacement d'un chat blessé

Approchez un chat blessé avec prudence, évaluez bien le danger aussi bien pour vous que pour le chat. Parlez-lui doucement pour le réconforter et l'apaiser.

Si le chat est dans la rue, déplacez-le vers l'accotement par mesure de prudence. La meilleure façon de le déplacer consiste à glisser une planche sous lui en guise de brancard improvisé ou de glisser les deux mains sous lui pour le maintenir en position horizontale. La rupture du diaphragme étant une blessure fréquente causée par les accidents de la route, il est primordial de garder le chat à l'horizontale pour arrêter le déplacement des organes internes.

## Les situations d'urgence

Vous trouverez ci-dessous des instructions à suivre dans plusieurs situations qui requièrent des premiers soins.

## Les accidents de la route

Examinez le chat pour déceler tout signe extérieur de blessure. Examinez la nuque afin d'y déceler des bosses ou des enflures qui signaleraient des fractures ou tout autre traumatisme. Demandez l'aide d'un vétérinaire dès que possible et informez-le de tout signe de blessure décelé. Même s'il n'y a pas de blessure externe apparente, un examen vétérinaire complet s'impose en cas d'hémorragie interne, qui pourrait mettre sa vie en danger si elle n'est pas détectée et traitée de toute urgence.

## Les brûlures

Rafraîchissez la brûlure avec de l'eau glacée (si vous pouvez garder le chat dans la baignoire ou dans l'évier, versez-en sur lui pendant une dizaine de minutes) pour apaiser la douleur et atténuer la gravité de la brûlure. Couvrez légèrement la brûlure avec un linge (un mouchoir ou une serviette de table) propre, frais et humide, enveloppez le chat dans une couverture thermale, installez-le dans une cage chaude et conduisez-le chez le vétérinaire sans tarder.

## Les brûlures chimiques

Enfilez des gants de caoutchouc et lavez la région brûlée à l'eau courante froide – placez le chat dans la baignoire ou l'évier et faites couler l'eau sur la brûlure, ou utilisez un boyau d'arrosage dans le jardin. Empêchez le chat de lécher la région touchée et traitez comme les autres brûlures.

## Les coups de soleil

Traitez comme les brûlures.

## L'empoisonnement

Si vous soupçonnez votre chat d'avoir avalé un poison (une profusion de salive constitue le signe le plus manifeste ; une extrême somnolence en est un autre, habituellement associé à la mort-aux-rats), appelez le vétérinaire aussitôt et donnez-lui le nom du poison suspecté. Il se renseignera auprès du fabricant tandis que vous lui apporterez le chat. Si le vétérinaire vous recommande de faire vomir le chat pour débarrasser son système digestif de la plus grande quantité de poison possible, placez dans le fond de sa gorge un ou deux petits cristaux de carbonate de sodium (ou soude Solvay, un agent de nettoyage), si vous en avez sous la main. Sinon, mélangez de la moutarde ou du sel à un peu d'eau. Apportez le chat au vétérinaire sans tarder.

## Les fractures

Les signes d'une fracture osseuse – exception faite de l'os qui perce la peau – comprennent une douleur extrême quand le chat s'appuie sur un membre, l'enflure, la fragilité, la perte de contrôle ou la difformité du membre, des mouvements anormaux du membre ou le bruit des deux bouts de l'os grinçant l'un contre l'autre. Gardez le chat aussi tranquille et aussi au chaud que possible, et conduisez-le immédiatement chez un vétérinaire.

## L'électrocution

Une fois que le courant a été coupé, assurez-vous que le chat respire – sinon, pratiquez sur lui la respiration artificielle (consultez la page 101). S'il est impossible de mettre le courant hors tension, ne vous approchez pas du chat. Quasi inévitablement, l'électrocution aura causé des brûlures, qui devront être traitées tel que décrit plus haut.

## Les piqûres et morsures d'insectes

Le chat griffera frénétiquement la région où il a été piqué. S'il a été piqué à la gorge, demandez aussitôt l'aide d'un vétérinaire parce que l'enflure peut obstruer les voies respiratoires. S'il a été piqué ailleurs sur le corps, coupez le pelage autour de la région piquée et lavez-la avec une solution saline. Les abeilles laissent leur aiguillon dans la peau, mais pas les guêpes. Si vous voyez l'aiguillon et que vous pouvez le retirer à l'aide d'une pince à épiler, procédez avec prudence, puis nettoyez la région avec une ouate humectée d'alcool à friction.

Neutralisez l'effet d'une piqûre de guêpe à l'aide de vinaigre ou de jus de citron ; utilisez du bicarbonate de sodium dissous dans un peu d'eau pour une piqûre d'abeille. Asséchez la région complètement mais avec douceur, puis appliquez une compresse humide pour réduire l'irritation et l'enflure. Pour les morsures d'autres insectes, nettoyez et asséchez la région, puis appliquez un antihistaminique sous forme d'aérosol ou d'onguent.

## Les morsures d'animaux

Les chats peuvent être mordus par d'autres chats ou par des rats. Si vous soupçonnez votre chat d'avoir été mordu par un autre chat, coupez le pelage autour de la morsure et nettoyez la plaie en profondeur à l'aide d'une solution saline, suivie d'une lotion antiseptique diluée. Asséchez la région, puis saupoudrez généreusement de poudre antiseptique. Répétez deux fois par jour – il est important de garder la plaie propre, sinon elle suppurera, s'infectera et causera un abcès.

Les morsures de rat sont particulièrement dangereuses, car ces rongeurs sont des vecteurs de maladies. Traitez aussitôt de la même manière qu'une morsure de chat, puis conduisez votre chat chez le vétérinaire, qui lui injectera peut-être un antibiotique et prescrira une poudre antibiotique que vous appliquerez sur la plaie.

## Les morsures de serpent

Vous devez garder le chat atteint aussi calme que possible et l'empêcher de courir, voire de bouger, sinon la circulation du venin s'accélérera dans l'organisme. Appelez vite un vétérinaire.

## La noyade

Tirez le chat hors de l'eau et tenez-le la tête en bas pour drainer l'eau des poumons. Puis étendez-le à plat et frottez son corps avec vigueur pour l'inciter à respirer. S'il ne respire pas, pratiquez la respiration artificielle (consultez la page 101) et appelez vite un vétérinaire.

## Les corps étrangers

Dans la plupart des cas, il est préférable de laisser l'extraction des corps étrangers au vétérinaire – contactez votre centre de soins local pour avis. Si le chat donne des coups de patte à la partie atteinte, immobilisez-le gentiment pour prévenir toute aggravation jusqu'à ce que le vétérinaire prenne la relève et règle le problème. Vous pouvez parfois laver des graines d'herbe dans les yeux à l'aide d'une seringue emplie de solution saline ou retirer des épines des pattes assez aisément. Assurez-vous que la pointe ne soit pas brisée ; si elle l'est, un traitement vétérinaire s'impose, car elle peut être une source d'infection.

## L'étouffement

L'étouffement requiert une action immédiate : conduire le chat chez le vétérinaire prendra trop de temps et le chat risquera l'asphyxie. Enveloppez le chat dans une épaisse couverture et ouvrez-lui la gueule pour voir s'il y a quelque chose qui obstrue la gorge. Si vous avez de l'aide, demandez à la personne de lui tenir la gueule ouverte pendant que vous retirez l'objet.

Si ce qui bloque les voies respiratoires est coincé, n'essayez pas de le déloger : vous pourriez faire plus de dommage en l'enfonçant plus loin. Placez plutôt le chat sur le sol devant vous, sa tête en direction opposée à la vôtre, puis asseyez-vous. Saisissez les pattes arrière, levez-les jusqu'à vos genoux et coincez-les entre ceux-ci. Placez vos mains de chaque côté de sa poitrine et pressez par secousses pour faire « tousser » le chat. Pressez quatre ou cinq fois et le chat devrait recracher l'objet. Laissez le chat récupérer, puis menez-le chez le vétérinaire pour examen. Si l'objet est indélogeable, conduisez aussitôt le chat chez le vétérinaire.

## Le boitement

Voyez s'il n'y aurait pas un objet fiché dans un membre ou une patte, ou encore une fracture. Appelez vite un vétérinaire.

## Les crises et les convulsions

Limitez l'aire de déplacement du chat – installez-le dans une grosse boîte de carton doublée. Appelez un vétérinaire de toute urgence. Les crises peuvent être mortelles.

## L'état de choc

Le choc subséquent à un accident, une blessure ou une expérience terrifiante, provoque une chute abrupte de la pression artérielle et constitue un danger mortel. Les signes de choc sont la fraîcheur de la peau, la pâleur des lèvres et des gencives, un pouls

rapide et un regard fixe, absent. Gardez le chat tranquille, enveloppez-le dans une couverture thermale et stimulez la circulation du sang en massant son corps doucement mais fermement. Assurez-vous de ne pas aggraver ses blessures possibles en le manipulant. Appelez vite un vétérinaire.

*La bataille est habituellement le dernier recours dans les disputes territoriales, car la proximité d'un autre chat en pleine possession de ses moyens et hostile est très dangereuse.*

## Les plaies ouvertes

La plupart des coupures et lacérations guérissent d'elles-mêmes assez vite ; le traitement se résume à les nettoyer au moyen d'une ouate humectée de solution saline. Le saignement initial, qui peut être abondant, aide à nettoyer la plaie des débris, ce qui réduit le risque d'infection. Toutefois, faites appel à un vétérinaire sans tarder si :

- du sang rouge clair (artériel) jaillit de la plaie ;
- du sang rouge foncé (veineux) s'écoule sans arrêt de la plaie ;
- la plaie est assez profonde ou grave pour nécessiter une suture ;
- vous soupçonnez une blessure par balle ;
- la peau a été perforée – ces plaies paraissent minuscules en surface, mais peuvent s'avérer très profondes et, par conséquent, très sujettes à s'infecter. Ne tentez jamais d'extraire un corps étranger d'une telle blessure, car vous pourriez l'aggraver et causer des saignements importants (tant qu'il est en place, l'objet agit comme un bouchon qui limite la perte de sang) ;
- les coupures affectent les orteils ou un membre, car les tendons peuvent être endommagés.

Vous pouvez contenir l'épanchement du sang des blessures mineures en pressant la plaie directement mais en douceur au moyen d'une compresse de coton propre et humide, avant de la nettoyer. Si

## N'EMPIREZ PAS LES CHOSES !

- **Plaies**
  N'exercez pas de pression directe sur une plaie dans laquelle un objet est fiché, ou si un os est en protrusion. Ne tentez pas de retirer quelque objet que ce soit d'une plaie, car il pourrait y avoir une importante perte de sang ; laissez ce soin au vétérinaire.

- **Saignement grave**
  N'appliquez pas de tourniquet, car vous pourriez causer un arrêt complet de la circulation et peut-être même la mort du chat.

- **Compression de la poitrine**
  N'exercez aucune pression sur la poitrine si vous soupçonnez une blessure à la poitrine.

- **Étouffement**
  Ne tentez pas de déloger un objet coincé dans la bouche ou la gorge du chat autrement que par la méthode de la toux décrite à la page 104. Si la manœuvre échoue, laissez ce soin au vétérinaire.

- **Brûlures**
  N'appliquez pas trop d'eau froide à la fois sur la région affectée, car une chute de température trop soudaine peut causer des problèmes plus graves encore. Consultez la page 103.

- **Électrocution**
  Ne touchez pas au chat avant d'avoir coupé le courant pour éviter d'être électrocuté vous-même.

- **Brûlures chimiques**
  Ne tentez pas de vous occuper du chat avant d'avoir d'abord enfilé des gants et des vêtements protecteurs pour éviter d'être brûlé à votre tour par les produits.

- **Crises et convulsions**
  Ne tentez pas d'immobiliser un chat convulsé.

- **Fractures**
  Ne tentez pas de fixer une attelle à un os brisé – laissez ce soin au vétérinaire.

- **Empoisonnement**
  Ne faites pas vomir le chat, à moins d'instructions du vétérinaire en ce sens.

- **Batailles**
  Ne tentez pas de séparer à mains nues deux chats en lutte – utilisez un manche à balai ou un long bâton.

- **Blessures aux yeux**
  N'appliquez ni bandage ni compresse sur un œil si vous soupçonnez la présence d'un corps étranger dans l'œil.

- **Ingestion d'une corde**
  Ne tentez pas de tirer sur un corps étranger depuis la bouche ou l'anus si vous rencontrez la moindre résistance ce faisant – laissez ce soin au vétérinaire.

le saignement provient d'une artère ou d'une veine, appliquez une pression indirecte (pas directement sur la plaie) sur l'artère ou la veine appropriée si vous pouvez la sentir sous la peau du côté cœur de la plaie ; sinon, appliquez une compresse de coton sur la plaie pour arrêter le sang. S'il est possible d'élever la blessure, la gravité aidera à réduire le flot de sang.

## Les blessures internes

Ces blessures peuvent être détectées par le gonflement anormal de l'abdomen ; par des saignements de la bouche, du nez, des oreilles, des yeux, des organes sexuels ou de l'anus ; par la présence de sang dans l'urine et les selles ; par un état de choc ; ou par des hématomes sur la peau. Appelez un vétérinaire sans tarder.

# Les maladies courantes

Les chats sont victimes de nombreuses maladies, dont plusieurs peuvent être soignées avec succès. Vous devez rapidement faire appel à l'avis et aux traitements d'un vétérinaire, et suivre rigoureusement ses instructions relatives à la médication et aux soins à donner. Vous aiderez le vétérinaire à soigner plus efficacement votre chat si vous lui fournissez le maximum de détails à son sujet. C'est alors que votre connaissance intime de votre chat pourra, littéralement à l'occasion, lui sauver la vie.

*Les chats consacrent normalement beaucoup de temps à leur toilette. Si votre chat rompt avec sa routine d'hygiène, cela signifie souvent que quelque chose ne va pas.*

## L'influenza féline
### (maladie respiratoire féline ou « grippe » du chat)

Les chats atteints de la grippe ne sont pas rares ; dans les foyers abritant plus d'un chat, particulièrement dans les pensions (chatteries), la contagion peut être rapide. En général, le taux de mortalité des chats atteints de la grippe est faible.

#### Les symptômes

Ceux-ci comprennent la perte d'appétit, la fièvre, l'éternuement, la dépression, les yeux rougis ou qui brûlent, des sécrétions nasales jaunes ou vertes, la toux et des ulcères sur la langue.

#### Les causes

Les deux causes principales sont virales : calicivirose féline (CVF) et virus de l'herpès félin (VHF) ou rhinotrachéite virale féline (RVF). La grippe est transmise par les minuscules gouttelettes dispersées dans l'air lors d'un éternuement. Comble de malchance, certains chats sont porteurs de virus mais ne montrent aucun signe de la maladie ; ils sont néanmoins contagieux.

#### Que faire ?

Isolez le chat atteint dès l'apparition des premiers signes et contactez un vétérinaire dans les 24 heures. La période d'incubation dure de deux à dix jours, mais même après un traitement réussi, de nombreux chats restent porteurs. Il est préférable d'interdire tout contact entre le chat atteint et d'autres chats. Un vaccin – injecté sous la peau ou vaporisé dans le nez – peut procurer une certaine protection.

#### Le traitement

Le premier volet du traitement consiste à prendre soin du chat en l'incitant à manger et à boire de nouveau, et le deuxième, à lui administrer des médicaments. Le vétérinaire pourra prescrire des antibiotiques et des mucolitiques (pour éliminer le mucus).

## L'halitose (mauvaise haleine)

C'est l'un des maux de bouche les plus courants chez le chat ; la plupart en manifestent des symptômes avant l'âge de trois ans.

#### Les symptômes

Une haleine désagréable, des gencives fragiles, la perte d'appétit et une salivation excessive, de même que la présence de plaque et de calculs (accumulation de minéraux) sur les dents du chat peuvent mener à des maladies cardiaques et rénales si le problème n'est pas traité. Des taches brun jaunâtre sur les dents à la rencontre des gencives constituent un symptôme classique.

*Initiez tout jeune votre chaton au brossage des dents afin qu'il perçoive la chose comme une activité normale (consultez Le brossage des dents à la page 67).*

### Les causes

Les causes de l'halitose sont habituellement la gingivite (inflammation des gencives) ou la présence d'aliments coincés entre les dents qui attirent des bactéries et provoquent des caries. L'halitose est aussi un symptôme d'insuffisance rénale.

### Que faire ?

Par prévention, examinez et nettoyez régulièrement les dents du chat. Conduisez votre chat chez le vétérinaire pour des examens de routine, qui incluent un examen dentaire.

### Le traitement

Si votre chat souffre d'une gingivite, la vaporisation dans la bouche d'un antiseptique en aérosol peut aider. Demandez l'avis du vétérinaire. À chaque repas du chat, incluez une portion d'aliments croquants (moulée ou biscuits), car ils aideront au nettoyage des dents. Des « jouets dentaires » pour félins peuvent aussi aider si le chat consent à jouer avec ceux-ci.

## Le vomissement

Comme il s'agit du symptôme d'un état, ce n'est pas une maladie en soi.

### Les symptômes

Il s'agit d'une expulsion énergique du contenu de l'estomac du chat et de l'intestin grêle par la bouche.

### Les causes

Elles comprennent : un changement soudain de régime alimentaire ; une maladie intestinale ; un coup de chaleur ; un état qui affecte la composition chimique du sang, comme le diabète mellitus, l'insuffisance rénale, une maladie du foie ou une infection bactérienne ; un corps étranger dans l'estomac ; une dilatation ou torsion gastrique ; un cancer de l'estomac ; des vers parasites ; la peur et le stress ; un traumatisme crânien ; des infections ; l'ingestion de substances émétiques, comme de l'herbe, ou des boules de poil.

### Que faire ?

Si votre chat vomit soudainement et à répétition, empêchez-le de manger et de boire, et contactez le vétérinaire. Gardez un œil sur le chat et étalez du papier journal ou quelque chose de semblable sur le plancher. Notez quand il vomit, la consistance, la couleur et la quantité de ce qu'il vomit. Ainsi, vous aiderez le vétérinaire à identifier la cause et, par conséquent, à régler le problème. Le vomissement occasionnel est normal. Dans le cas de vomissements récurrents, lors desquels le volume des vomissures est important ou dans lesquels on décèle du sang, consultez un vétérinaire.

Le vomissement que vous pouvez attribuer aux incursions de votre chat dans les poubelles est généralement spasmodique et peu grave. Il se traite en le privant de nourriture pendant 24 heures. Toutefois, offrez-lui régulièrement de petites quantités d'eau afin qu'il ne se déshydrate pas.

Les 24 heures écoulées, offrez-lui des petits repas légers, constitués d'œufs brouillés ou de poulet bouilli, et réintroduisez graduellement son régime habituel. Si le vomissement se poursuit ou reprend quand il recommence à manger, faites vite appel à un vétérinaire.

Vous pouvez prévenir certaines causes de vomissement en traitant régulièrement votre chat contre les parasites internes (vers), en l'empêchant de manger dans les poubelles, en ne lui imposant pas de brusques changements de régime alimentaire, en ne le nourrissant pas tout juste avant de partir en voyage et en évitant de trop le nourrir.

### Le traitement

En cas de vomissements graves, le chat pourra être mis sous intraveineuse pour éviter sa déshydratation. Si un corps étranger est coincé quelque part dans l'appareil digestif, une chirurgie sera nécessaire pour le retirer.

## La diarrhée

Comme le vomissement, la diarrhée est le symptôme d'un état sous-jacent et non pas une maladie en soi.

### Les symptômes

Ce sont des selles nauséabondes, de consistance liquide, des besoins fréquents, nécessitant de nombreuses visites au bac à litière, ou se présentant comme des « accidents ». Si votre chat souffre d'une colite (inflammation du côlon), ses selles contiendront une bonne part de mucus et de sang rouge clair. Le ténesme, qui cause des crispations au chat quand il défèque, est un autre symptôme de colite. La diarrhée entraînant souvent la déshydratation, il se peut que votre chat paraisse un peu désorienté.

### Les causes

La diarrhée peut être un symptôme de suralimentation, de stress, de vers intestinaux, de corps étrangers dans l'appareil digestif ou d'infections fongiques.

### Que faire ?

Empêchez le chat de manger quoi que ce soit, mais assurez-vous qu'il peut boire suffisamment d'eau. Si la diarrhée est sévère, donnez-lui un liquide réhydratant (consultez La trousse de premiers soins aux pages 100-101) et appelez le vétérinaire. Gardez votre chat à l'œil et étalez du papier journal sur le plancher. Notez quand il satisfait ses besoins, ainsi que la consistance, la couleur et la quantité des selles. Ainsi, vous aiderez le vétérinaire à identifier la cause et, par conséquent, à régler le problème.

### Le traitement

Le traitement de la diarrhée dépend de la cause sous-jacente. Si elle est due à des parasites internes, alors on usera d'anthelminthiques (vermifuges) pour le débarrasser de l'infestation, alors qu'on fera appel à des antibiotiques pour traiter les infections. La diarrhée peut causer la déshydratation du chat et entraîner des dommages irréparables à l'organisme (notamment aux reins). En cas de diarrhée grave (où la suralimentation n'est pas en cause), si elle persiste ou s'il y a du sang dans les selles, consultez votre vétérinaire.

## L'entérite

C'est une inflammation des intestins, qui cause la diarrhée.

### Les symptômes

Ce sont la diarrhée et la présence de sang dans les selles liquides.

### Les causes

L'entérite est très fréquente chez les jeunes chats et peut avoir diverses causes, mais la bactérie *Escherichia coli* (ou E. coli) en est souvent responsable. La bactérie *Campylobacter* est une autre cause importante de l'entérite.

### Que faire ?

Observez les agissements de votre chat, ainsi que la quantité, la couleur, la consistance et l'odeur de ses selles. Vérifiez s'il y a des traces de sang.

### Le traitement

Un antibiotique à large spectre associé à des doses régulières de kaolin pourra corriger la situation. Parfois, il faut plus d'un antibiotique ou plus d'une dose pour venir à bout de la maladie. L'entérite étant potentiellement mortelle, il importe de commencer le traitement le plus tôt possible.

## La constipation

La constipation est l'impossibilité pour le chat d'expulser ses selles (ou il en expulse une très faible quantité et moins fréquemment qu'à l'ordinaire). C'est un symptôme, et non une maladie, qui peut avoir plusieurs causes sous-jacentes et qui est assez courante chez les vieux chats.

### Les symptômes

Un chat produisant des selles très sèches ou qui déploie de grands efforts pour déféquer est probablement constipé. Les chats sont tous différents, de même que leur mode de vie, mais on peut s'attendre à ce qu'ils défèquent de une à quatre fois par jour.

### Les causes

Toute maladie qui affaiblit le chat peut engendrer la constipation, de même qu'un corps étranger bloquant son appareil digestif. La constipation peut aussi être un symptôme de troubles de la prostate chez les mâles.

### Que faire ?

En offrant à votre chat un régime alimentaire riche en fibres et bien équilibré, vous éliminerez de nombreuses causes de constipation.

### Le traitement

S'il y a un blocage interne, le chat devra subir une chirurgie. Dans les cas liés au régime alimentaire, des laxatifs et un changement d'aliments pourraient suffire. Comme la constipation est potentiellement très dangereuse, consultez toujours votre vétérinaire à cet effet.

## L'incontinence urinaire

C'est l'incapacité de contrôler l'émission d'urine.

### Les symptômes

Le chat « s'échappera » en dormant. Il n'aura pas uriné délibérément, mais l'urine aura coulé involontairement alors qu'il est couché.

### Les causes

Les causes possibles sont le mauvais fonctionnement des valves de l'urètre, des malformations congénitales du système urinaire du chat, l'urolithiase (cristaux ou calculs de calcium non solubles dans le système urinaire), le cancer ou des troubles de la prostate (chez les mâles). L'incontinence urinaire affecte particulièrement les mères chattes âgées.

### Que faire ?

Quand vous conduirez votre chat chez le vétérinaire pour un examen, apportez un échantillon frais de son urine ; l'analyse révèlera si une maladie cause le problème. Changez régulièrement sa literie, chaque jour de préférence. Ne vous mettez pas en colère contre le chat, il n'y peut rien.

### Le traitement

La chirurgie peut s'avérer nécessaire pour traiter le mauvais fonctionnement des valves de l'urètre, les malformations congénitales du système urinaire, l'urolithiase, le cancer ou les troubles de la prostate ; des médicaments peuvent améliorer l'efficacité de l'urètre en empêchant le flot d'urine. En soi, l'incontinence urinaire ne met pas la vie du chat en danger, mais il vaut mieux demander l'avis du vétérinaire plus tôt que trop tard.

## L'arthrite

C'est une inflammation des articulations. Il y a deux formes d'arthrite qui peuvent affecter le chat : l'arthrose et l'arthrite traumatique.

### Les symptômes

Ce sont des articulations enflées, une difficulté à marcher et le boitement.

### Les causes

L'arthrose peut être le problème en soi ou le résultat d'autres problèmes. C'est une maladie progressive et souffrante qui affectera gravement le mode de vie du chat. Elle peut affecter une ou plusieurs articulations, et la gravité de la maladie dépendra des articulations affectées et de l'état de santé général du chat. L'arthrose n'est pas aussi courante chez les chats que chez les chiens. Les chats obèses sont plus sujets à l'arthrose. L'arthrite traumatique est le résultat direct d'une blessure à une articulation.

### Que faire ?

N'attendez pas que votre chat soit incapable de marcher pour consulter un vétérinaire. Celui-ci vous conseillera sur les mesures à prendre, car elles dépendront des causes sous-jacentes et du traitement qui sera appliqué.

### Le traitement

Les traitements contre l'arthrite peuvent inclure des anti-inflammatoires et des analgésiques ou, dans certains cas, une chirurgie. Un examen physique et l'observation des mouvements du chat, combinés à des radiographies et à l'analyse du liquide articulatoire, indiqueront au vétérinaire la gravité du problème arthritique.

## La faible tolérance à l'exercice physique

Parfois, un chat normalement actif sera affecté par des problèmes qui rendront difficiles ses activités physiques.

### Les symptômes

Ce sont des douleurs ou de l'inconfort dans la pratique d'activités qui sont normales pour le chat.

### Les causes

Il s'agit souvent d'un effet direct de l'inflammation d'une articulation (arthrite). Quand un muscle est malade (par exemple, à la suite d'une infection bactérienne), on parle de myopathie ; si le muscle est victime d'une inflammation, on parle de myosite.

### Que faire ?

Soyez très prudent si vous administrez des analgésiques et faites-le toujours selon les indications d'un vétérinaire. Ils peuvent faire croire au chat qu'il est hors de danger, ce qui le conduirait à aggraver l'état des articulations atteintes.

### Le traitement

Dans les cas de myopathie bénigne, par exemple si votre chat souffre d'un léger boitement pendant 24 à 36 heures, un simple repos aura probablement raison du problème (il faudra peut-être le confiner pour ce faire). Si le boitement persiste au-delà de cette durée, une consultation – et un éventuel traitement – s'impose. Quand l'articulation est endommagée, on parle d'entorse, laquelle peut inclure des dommages au cartilage et aux ligaments. Bien que ce ne soit pas dangereux en soi, c'est un état souffrant. Si une entorse n'est pas traitée adéquatement, elle peut provoquer une arthrose, dont les dégâts sont habituellement permanents.

## La cécité

Il s'agit d'une vision incomplète ou de la perte totale de la vue.

### Les symptômes

Le chat se heurte aux meubles et à d'autres objets sans raison apparente. La vision d'un vieux chat sera plus affectée par la lumière vive et dans l'obscurité.

### Les causes

Il y a diverses causes, depuis une blessure jusqu'aux maladies héréditaires en passant par l'état de santé. Quand le chat vieillit, il est assez courant qu'une teinte bleuâtre apparaisse dans ses yeux à cause de la détérioration du cristallin.

### Que faire ?

Tout chat donnant des signes que sa vue baisse doit être conduit chez le vétérinaire sans délai.

### Le traitement

Le traitement dépendra de la cause, mais les cas de cécité totale sont irréversibles.

## L'infection à la bactérie féline Chlamydia psittaci

Cette infection bactérienne est responsable de la conjonctivite.

### Les symptômes

Ce sont la conjonctivite (yeux rougis) et une épaisse sécrétion oculaire. L'éternuement et les sécrétions nasales sont fréquents aussi.

### Les causes

Le chat a été contaminé par la bactérie *Chlamydia psittaci* transmise par d'autres chats atteints.

### Que faire ?

Demandez un traitement vétérinaire de toute urgence.

### Le traitement

Le vétérinaire pourra prescrire des antibiotiques, auquel cas il faudra appliquer le traitement jusqu'à son terme. Si une infection par la bactérie *Chlamydia* n'est pas traitée adéquatement et promptement, elle peut se transmettre à l'appareil gastro-intestinal (digestif) et au système génital du chat, et causer des problèmes de reproduction aux mères chattes.

## Les mites d'oreille

Ces insectes parasitaires sont courants chez les chats.

### Les symptômes

Le chat se gratte les oreilles avec insistance. Un surplus de cire constellée de points noirs dans les oreilles indique qu'elles sont infestées par des mites. Celles-ci peuvent suivre le canal auditif et infecter l'oreille moyenne ; une telle infection provoquera la perte du sens de l'équilibre chez l'animal infecté. Le chat pourrait avoir de la difficulté à tenir sa tête droite ou trébucher sans arrêt.

*Si votre chat se gratte constamment, examinez son pelage à la recherche de tout signe révélant la présence de mites d'oreille ou de puces.*

### Que faire ?

Demandez conseil à un vétérinaire dans tous les cas de mites d'oreille ou si le chat est sujet à des pertes d'équilibre. Tous les animaux ayant été en contact avec le chat infesté doivent aussi être traités, car les mites peuvent s'attaquer à d'autres animaux et les symptômes tarder à se manifester.

### Le traitement

Dans les cas bénins, le vétérinaire prescrira des gouttes d'oreille. Si les oreilles sont irritées, il pourra prescrire un anti-inflammatoire. Les mites se traitent aisément si on intervient assez tôt. Les mites d'oreille sont généralement blanches ou incolores et invisibles à l'œil nu. On utilise un instrument spécial, l'otoscope, pour examiner l'intérieur des oreilles du chat.

## Le chancre de l'oreille (otite)

Inflammation cutanée de l'intérieur de l'oreille, l'otite est un des maux les plus courants chez les chats ; elle peut survenir dans une ou dans les deux oreilles.

### Les symptômes

Ceux-ci comprennent le grattage régulier de l'oreille, la tête secouée fréquemment, des sécrétions ou des odeurs provenant de l'oreille, la rougeur de l'intérieur du pavillon et de l'entrée du canal auditif. Le chat peut siffler dès qu'on le touche près des oreilles.

### Les causes

Un excès de cire cause une irritation qui, en revanche, stimule l'oreille à produire encore plus de cire. Cette surproduction crée des conditions idéales pour que des champignons microscopiques et des bactéries, normalement inoffensifs, croissent et prospèrent. Les mites d'oreille, les corps étrangers dans l'oreille et des problèmes cutanés peuvent aussi causer des otites.

### Que faire ?

Quel que soit le symptôme d'irritation des oreilles, conduisez le chat chez le vétérinaire dès que possible – sur-le-champ si vous soupçonnez qu'un corps étranger s'est logé dans l'oreille. Ne tentez jamais de déloger la chose vous-même, car vous pourriez causer des dommages permanents. Ne mettez aucun liquide, onguent ou autre médicament dans les oreilles du chat, à moins que ce ne soit sur recommandation du vétérinaire ; n'introduisez aucun objet solide dans l'oreille du chat, incluant des cotons-tiges qui pourraient aussi endommager son oreille.

Avant toute intervention, attendez que le vétérinaire ait vu de quoi il s'agit, car il pourrait déceler des indices pour identifier le problème.

### Le traitement

Le traitement peut inclure un lavage des oreilles avec une seringue ou l'application d'un médicament topique, comme des gouttes ou un onguent. Quel que soit le médicament prescrit, il importe de l'administrer exactement tel que recommandé et d'aller jusqu'au bout du traitement. Dans le cas d'otites récurrentes, une chirurgie peut s'imposer pour améliorer la ventilation de l'oreille. Bien que l'otite ne soit pas un mal grave, elle peut devenir chronique si elle n'est pas soignée adéquatement ; dans ce cas, elle causera des problèmes graves et endommagera probablement l'oreille et l'ouïe du chat.

## Les blessures au pavillon de l'oreille

Il s'agit d'égratignures ou de déchirures du pavillon de l'oreille.

### Les symptômes

Toute blessure à une oreille, même légère, saignera en abondance. Même si la blessure ne cause aucune souffrance réelle au chat, l'irritation causée par le flot de sang le portera à se gratter et à secouer la tête.

### Les causes

Les pavillons sont souvent mordus et griffés durant les batailles, sans compter que des chats se blessent aux oreilles durant leurs activités quotidiennes.

### Que faire ?

Nettoyez la plaie avec une solution saline. Une fois l'endroit propre, il sera possible de voir l'étendue des dégâts ; s'ils sont importants, faites appel à un vétérinaire, car le traitement pourrait nécessiter des points de suture. Après le nettoyage à la solution saline, enduisez les blessures mineures d'antiseptique, sous forme d'onguent, de crème ou de poudre.

### Le traitement

Si les blessures paraissent enflammées quelques jours après avoir été infligées, consultez un vétérinaire, car un traitement antibiotique pourrait s'avérer nécessaire.

## L'insuffisance rénale

L'insuffisance rénale est probablement le mal le plus répandu chez les vieux chats. Elle est aussi un symptôme de la polykystose rénale, un mal héréditaire souvent présent chez les Persans.

### Les symptômes

Parmi ceux-ci, on note une soif apparemment insatiable, l'émission de grandes quantités d'urine en une seule fois ou à de fréquents intervalles, le vomissement, la diarrhée, la perte d'appétit, la perte de poids, l'halitose et l'anémie.

### Les causes

Pour diverses raisons, les néphrons (les unités rénales qui retirent les déchets du sang) faillissent à la tâche, ce qui entraîne une insuffisance rénale chronique. C'est un état extrêmement grave, habituellement irréversible, dont le chat a peu de chances de sortir. Les chats de moins de 5 ans sont rarement atteints.

### Que faire ?

L'insuffisance rénale met la vie en péril. N'hésitez pas à faire appel au vétérinaire si vous soupçonnez votre chat d'en être atteint.

### Le traitement

Le traitement d'un chat affecté peut inclure une période de soins intensifs pendant laquelle on lui administrera des liquides par voie intraveineuse, de même qu'un régime alimentaire spécial, combiné à un mode de vie très reposant et des médicaments. Un chat souffrant d'insuffisance rénale totale mourra, mais vous préférerez peut-être décider de le faire euthanasier avant l'issue fatale.

## L'entérite infectieuse féline (FIE)

Aussi appelée panleucopénie féline, cette maladie virale, potentiellement mortelle, s'attaque aux globules blancs du sang et aux entrailles du chat.

### Les symptômes

On note une perte d'appétit, des vomissements permanents et de la diarrhée.

### Les causes

Le virus se transmet d'un chat contaminé à un autre.

### Que faire ?

Comme cette maladie est très infectieuse, isolez le chat atteint. Assurez-vous que tous vos chats sont vaccinés et qu'ils reçoivent régulièrement leurs injections de rappel.

### Le traitement

Il n'existe pas de réel traitement de l'entérite infectieuse féline, mais des soins particuliers et intensifs peuvent alléger les symptômes. Faites immédiatement appel à un vétérinaire pour tout chat présentant des symptômes de la maladie. Une infection sévère peut tuer très vite un jeune chat ou un chaton.

## Le diabète mellitus (diabète sucré)

Le chat est incapable de contrôler le niveau de sucre dans son sang.

### Les symptômes

On note un gain d'appétit, surtout s'il est combiné à d'autres symptômes comme l'augmentation des émissions urinaires, la léthargie et la perte de poids. Les symptômes du diabète sucré apparaissent souvent chez les mères chattes tout juste après qu'elles sont entrées en rut.

### Les causes

Ce sont une carence d'insuline (produite par le pancréas) ou un accroissement du taux de sucre dans la sang (hyperglycémie). C'est fréquent chez les chats de 8 ans et plus. À cause du taux plus élevé de progestérone (une hormone) dans le sang pendant la période d'ovulation, les chattes non stérilisées sont trois fois plus sujettes à développer un diabète sucré ; le risque est aussi très élevé chez les chats obèses, peu importe le sexe.

### Que faire ?

Conduisez le chat présentant des symptômes du diabète chez un vétérinaire dès que possible.

### Le traitement

Le traitement de cette maladie risque de prendre du temps, car votre chat devra recevoir régulièrement des injections d'insuline et d'autres soins, dont les coûts seront assez élevés. Habituellement, vous devrez recueillir et analyser un échantillon d'urine de votre chat chaque matin pour vérifier le taux de glucose sanguin, puis mesurer la quantité d'insuline que vous lui donnerez par injection. En outre, il vous faudra appliquer un régime alimentaire très strict (et riche en fibres) à des moments particuliers. Chez les mères chattes, la stérilisation favorisera la stabilité de son état.

## Le diabète insipide (diabète de l'eau)

Il s'agit d'une incapacité de l'organisme à réguler l'usage de l'eau.

### Les symptômes

Ceux-ci comprennent la polydipsie (soif excessive) et la polyurie (production excessive d'urine).

### Les causes

Le diabète insipide est causé par une carence de l'hormone antidiurétique (HAD) ou par l'incapacité des reins à contenir cette hormone. Normalement, la production de HAD augmente quand l'absorption d'eau est faible et décroît quand le chat avale de grandes quantités d'eau ; ainsi, l'équilibre de l'eau dans l'organisme est sous contrôle.

### Que faire ?

Le moindre signe d'absorption anormale d'eau devrait être soumis à l'attention d'un vétérinaire dès que possible.

### Le traitement
Selon le type de diabète insipide en cause, le traitement peut inclure l'administration de HAD au chat au moyen de gouttes nasales.

## L'absorption d'eau anormale
Il s'agit du besoin accru ou réduit de boire de l'eau.

### Les symptômes
Le chat boit plus ou moins d'eau qu'à l'ordinaire. Parmi les autres symptômes, il y a l'émission accrue ou réduite d'urine.

### Les causes
Ce peut être le symptôme d'une cystite (inflammation de la vessie), d'une infestation par le ver plat (ténia ou ver solitaire), du diabète sucré ou du diabète insipide.

### Que faire ?
Gardez un œil sur les dépôts urinaires dans le bac à litière ; si vous connaissez ce que votre chat émet normalement, vous détecterez toute variation très vite. La cystite est signalée par l'inconfort et les efforts du chat quand il urine ; le ver plat se manifeste par la présence visible de vers dans les selles et, aussi, par de minuscules fragments blancs de ceux-ci qui adhèrent au pelage autour de l'anus.

### Le traitement
Faites examiner votre chat, car le traitement dépend de la cause du mal. Si le ver solitaire est en cause, on appliquera un traitement antiparasitaire, tandis que la cystite sera traitée à l'aide d'antibiotiques.

## Le virus de la leucose féline (FeLV)
C'est une infection virale qui affecte le système immunitaire du chat.

### Les symptômes
Ce sont la léthargie, une température élevée, le manque d'appétit et le gonflement des ganglions du cou, des aisselles et de l'aine.

### Les causes
Le virus est présent dans le sang, le sperme et la salive ; il est transmis lors de l'accouplement ou par morsure.

### Que faire ?
Il peut s'écouler jusqu'à trois ans avant que le chat infecté présente des symptômes de la maladie. Par conséquent, il n'y a pas vraiment urgence à contacter le vétérinaire pour un traitement, à moins que le chat ne présente des symptômes graves qui le font souffrir ou lui causent de l'inconfort.

### Le traitement
La leucose féline est incurable. De nombreux chats infectés se rétablissent d'eux-mêmes de façon satisfaisante, mais ils demeurent porteurs du virus et le transmettent à d'autres chats. Si vous avez plus d'un chat, le vétérinaire pourra recommander d'euthanasier le chat infecté pour empêcher la propagation de l'infection. Si vous avez un seul chat, vous devrez lui interdire d'aller dehors. Certains maîtres préfèrent ne pas courir le risque que leur chat en contamine d'autres et choisissent de le faire euthanasier. Comme un vaccin est disponible, on recommande aux propriétaires de chat de faire vacciner régulièrement leur animal.

## La péritonite infectieuse féline (PIF)
Causée par un virus qui affecte les chats de 3 ans et moins, cette maladie se répand rapidement parmi les chats et est donc particulièrement dangereuse dans un foyer qui abrite plusieurs chats.

### Les symptômes
Ce sont la perte d'appétit et de poids, le gonflement de l'abdomen, des difficultés respiratoires et de la fièvre.

### Les causes
Il s'agit d'un virus (coronavirus félin) transmis par des chats infectés.

### Que faire ?
Isolez les chats infectés et faites appel au vétérinaire de toute urgence.

### Le traitement
La péritonite infectieuse est incurable et la plupart des chats infectés en meurent. Il peut être préférable d'euthanasier le chat ; votre vétérinaire vous aidera à prendre cette décision.

## Le virus immunodéficitaire félin (VIF)
Aussi appelée lentivirus T-lymphotrope félin (FTLV) et sida félin, cette infection virale s'attaque à l'ARN (acide ribonucléique) impliqué dans la production des protéines dans les cellules du chat. Elle empêche le système immunitaire de l'organisme de combattre les infections.

### Les symptômes
Le virus permet à de nombreuses infections de se développer chez le chat contaminé, mais il n'y a pas de symptômes en tant que tels.

### Les causes
Le virus se multiplie dans les globules blancs du sang du chat ; il est souvent transmis par morsure.

### Que faire ?
Vous devez conduire chez un vétérinaire tout chat soupçonné d'être atteint du VIF. Les chats infectés souffriront de longues maladies chroniques, de perte de poids et d'autres maux débilitants causés par des infections résultant de leur déficience immunitaire.

### Le traitement
L'immunodéficience féline est actuellement incurable et on recommande généralement l'euthanasie des chats infectés.

## L'obésité
De nombreux maîtres suralimentent leur chat, en même temps qu'ils le privent trop d'exercice ; ils sont parfois animés des meilleures intentions, mais ne mesurent pas l'effet à long terme sur la santé de l'animal.

### Les symptômes
Le chat est trop gros, voire exagérément gras, avec des boudins de graisse sous la peau. Cette condition physique entraînera son essoufflement et son peu d'intérêt pour l'exercice, et le prédisposera à développer des problèmes articulatoires et d'autres maux associés à l'obésité, comme l'insuffisance cardiaque et celle des autres organes vitaux.

### Les causes
Ce sont le vieillissement parce que le chat ne fait pas autant d'exercice que pendant son jeune âge ; le manque d'exercice chez les jeunes chats ; la suralimentation ou un régime alimentaire inadéquat.

### Que faire ?
Consultez votre vétérinaire pour qu'il vous aide à établir un régime alimentaire garantissant l'équilibre des éléments nutritifs que votre chat recevra.

### Le traitement
Incitez votre chat à faire plus d'exercice en jouant avec lui et cachez son bol de nourriture dans la maison afin de le forcer à le « chasser » pour manger. Suivez à la lettre le régime alimentaire recommandé par le vétérinaire ; si votre chat est vieux, il recommandera probablement un régime alimentaire spécialement composé, faible en calories.

## Le coup de chaleur
C'est une poussée de fièvre causée par l'échec des mécanismes de contrôle de la température de l'organisme quand celui-ci est exposé à de très hautes températures.

### Les symptômes
Ce sont l'agitation et une extrême détresse. D'abord le chat s'étire, puis il halète péniblement avant de baver et de tituber comme s'il était ivre. Finalement, s'il n'est pas traité à temps, il peut s'effondrer, sombrer dans le coma et mourir.

### Les causes
Habituellement, le coup de chaleur atteint les chats en voiture, soit à l'occasion d'un long voyage, soit qu'il y a été laissé seul. Dans une automobile, la ventilation est médiocre et la température atteint vite un niveau dangereux, même sous le soleil frais du printemps ou de l'automne.

### Que faire ?

Vous devez agir vite. Si le chat est moyennement affecté, déplacez-le dans un endroit frais et assurez-vous que le flot d'air frais est constant.

### Le traitement

Dans les cas graves, rafraîchissez le chat à l'eau froide au moyen d'un boyau d'arrosage (réglez le jet pour émettre une bruine) ou versez délicatement de pleins bols d'eau froide sur lui. Dans les pires cas, enveloppez le chat, tête incluse, dans des serviettes détrempées (en laissant le nez et la bouche dégagés) et aspergez-le d'eau froide. Faites appel à un vétérinaire de toute urgence. Dans tous les cas de coup de chaleur, il est primordial de rafraîchir la tête, car le cerveau peut littéralement cuire. Soyez particulièrement vigilant dans le cas des chats blancs, notamment aux pointes de leurs oreilles.

## La dermatite des puces

Il s'agit d'une irritation douloureuse de la peau qui se manifeste autour des piqûres de puce.

### Les symptômes

Ce sont des zones cutanées rouges et à vif, et des gales causées par le chat qui se gratte. Elles peuvent se trouver partout sur le corps du chat ou seulement dans des endroits précis comme la base de la queue ou derrière les oreilles. Certains chats sont plus sensibles que d'autres aux piqûres de puce et peuvent devenir confus à cause de la démangeaison.

### Les causes

C'est une réaction allergène à la salive que les puces sécrètent quand elles piquent le chat.

### Que faire ?

Consultez un vétérinaire.

### Le traitement

Le chat aura probablement besoin d'un traitement pour atténuer les démangeaisons, tuer les puces et prévenir une nouvelle infestation.

## La teigne

C'est une infection fongique de la peau.

### Les symptômes

Le chat se gratte et des pertes de poils créent des zones circulaires où la peau visible est squameuse et soulevée au bord de la lésion.

### Les causes

Ce sont des fongus, dont le *Microsporum canis*, le *Microsporum gypseum* et le *Trichophyton mentagrophytes*. Les spores de ces champignons microscopiques sont apportées par le vent ou présentes dans le sol.

### Que faire ?

Certains des fongus responsables de la teigne peuvent être transmis aux humains ; conséquemment, prenez bien soin que ni votre famille ni vous ne soyez infectés. Puisque seul un vétérinaire peut prescrire un traitement efficace, consultez-le de toute urgence.

### Le traitement

Lavez le chat dans la solution fongicide prescrite par le vétérinaire, qui pourra aussi vous recommander d'appliquer un onguent fongicide topique.

# LE CHAT PLUS ÂGÉ

La compagnie d'un chat vieillissant en bonne santé est merveilleuse et apaisante, et aussi gratifiante que de jouer avec un chaton. Pour prendre soin d'un chat plus âgé, vous devrez apporter quelques changements à sa routine quotidienne et faire quelques concessions eu égard à son âge, mais vos efforts seront très largement récompensés.

# Prendre soin d'un chat plus âgé

On considère qu'un chat commence sa vieillesse quand il mène une vie tranquille et consacre plus de temps au sommeil qu'à l'accoutumée. Les réactions d'un vieux chat sont vives et ses mouvements, souples ; il daignera même courir après une corde et jouer avec des objets qui le narguent, à la condition que ce ne soit pas pour le ridiculiser. Ce n'est pas parce qu'un vieux chat bouge peu, exige peu et reste tranquille qu'il mérite d'être négligé.

## Le mode de vie

Tout comme les personnes âgées, les vieux chats détestent les changements importants dans leur routine et leur mode de vie, et peuvent même s'en trouver perturbés. Si les changements sont inévitables, tentez de les introduire graduellement pour permettre à votre chat de s'y habituer. Tout devrait être fait pour que le chat plus âgé se sente aussi bien que possible. (Pour son entretien durant les vacances, consultez les pages 68 à 71.)

Si votre chat présente des troubles de comportement, ce peut être dû à une maladie chronique. Par exemple, un chat qui a toujours été propre pourra avoir des « accidents », urinant sur les fauteuils et les tapis. Si cela arrive, il peut s'avérer plus avisé de confiner le chat aux pièces de la maison où de tels accidents importent moins, mais cela ne signifie pas qu'il doive être enfermé ou privé des contacts avec la famille, car ce serait injuste et cruel. Il serait aussi injuste et cruel de le réprimander ou de le bannir de la maison pour quelque chose qui échappe à son contrôle. Les tapis peuvent être remplacés, mais non l'affection d'un tel compagnon.

## Un nouveau compagnon ?

Certaines gens envisagent de se procurer un chaton quand le chat résidant se fait vieux. Ce peut être une bonne ou une mauvaise décision, selon le tempérament et la nature du chat vieillissant. S'il aime le chaton, ce compagnonnage pourra prolonger sa vie. Par con-

*Une personne âgée s'accommodera plus facilement d'un chat adulte, déjà dressé et indépendant que d'un chaton.*

*Les chats âgés cherchent à dormir au chaud – le dessus d'une chaufferette étant un endroit privilégié –, parce que leur organisme ne contrôle plus la température corporelle avec autant d'efficacité, au contraire de leurs congénères plus jeunes.*

tre, s'il le prend en grippe, il pourra devenir abattu et replié sur lui-même, cesser de manger et, finalement, tomber gravement malade. Si le vieux chat est le seul de la maison et qu'il a toujours vécu en solitaire, il est alors plus respectueux de ne pas lui imposer un autre chat ou chaton.

Si votre chat vieillissant manifeste un besoin accru de compagnie, donnez-lui toujours beaucoup d'attention et rassurez-le ; envisagez même de déménager son panier dans votre chambre pour la nuit, si nécessaire. Quand vous vous absentez, laissez une radio allumée à faible volume pour lui tenir compagnie.

## Le régime alimentaire

Des aliments spécialement conçus pour les chats âgés sont offerts sur le marché ; ils contiennent tous les éléments nutritifs requis par le corps vieillissant pour garder la meilleure des formes et reporter à plus tard, ou atténuer, les effets de maux comme la sénilité. Comme les chats plus vieux souffrent souvent de problèmes urinaires et digestifs, un régime complètement sec est contre-indiqué ; il est sage de consulter votre vétérinaire quant au meilleur type d'aliments pour votre chat. Consultez aussi Nourrir votre chat, pages 20-21.

De mauvaises dents et des gencives enflammées ne sont pas rares chez les vieux chats ; à cet âge, votre chat trouvera plus facile de manger des aliments humides ou tendres. Assurez-vous qu'il dispose toujours d'une bonne provision d'eau propre et fraîche.

Comme un chat plus mûr peut se révéler moins apte à se défendre que par le passé, assurez-vous que vos autres chats et chiens ne lui dérobent pas ses repas ou cherchent à l'intimider pour le chasser quand il mange.

Étant moins actif en vieillissant, il est facile pour le chat de prendre du poids, ce qui peut accroître la pression sur son cœur et ses articulations ; soyez très vigilant à cet égard. De même, il pourrait rapidement perdre du poids et souffrir de la faim si, pour une raison ou une autre, il ne mange pas. Il est très simple

de peser votre chat chaque semaine afin de contrôler son poids. D'abord, pesez-vous vous-même sur un pèse-personne, puis pesez-vous en tenant le chat dans vos bras ; déduisez la première mesure de la seconde pour déterminer le poids de votre chat. Il peut s'avérer plus facile que quelqu'un lise les mesures quand vous vous tenez sur la balance.

*Gardez un œil sur les vieux chats quand ils s'aventurent dehors, surtout s'ils sont séniles, aveugles ou sourds, car ils courent davantage le risque de s'égarer et d'être victimes d'accidents ou de mauvaises rencontres.*

*Des aliments spécialement conçus pour les chats d'âge mûr sont disponibles. Ils contiennent tous les éléments nutritifs requis pour leur permettre de garder la meilleure forme possible.*

*De vieux chats sont sujets à la constipation. Consulter un vétérinaire si cela se produit.*

## Les maux les plus fréquents

En prenant de l'âge, les tissus organiques du chat commencent à dégénérer. C'est inévitable et irréversible, quoique les effets puissent être atténués grâce aux soins prodigués par son maître et par le vétérinaire. Le chat vieillissant est sujet à de nombreux maux particuliers :

- les griffes endommagées, dues au déclin de la capacité de rétracter ses griffes correctement ;
- des affections du pelage et de la peau, dues à un autotoilettage inefficace ;
- des problèmes reliés au froid, dus au déclin du contrôle de la température corporelle ;
- la constipation, due au déclin de l'efficacité digestive ;
- la surdité ;
- les maladies cardiaques ;
- la haute pression (hypertension) ;
- l'incontinence ;
- une prédisposition accrue à produire des boules de poil ;
- des blessures, dues au déclin de l'agilité ;
- des raideurs articulatoires et de l'arthrite ;
- des maladies rénales ;
- une insuffisance du foie ;
- la perte d'appétit ;
- des problèmes liés à l'obésité ;
- la sénilité ;
- des problèmes de vision ;
- des problèmes aux dents et aux gencives.

Demandez l'avis du vétérinaire sur tous ces maux – plus vite vous vous en occuperez, meilleures seront les chances d'un traitement réussi, et la qualité de vie de votre chat s'en trouvera prolongée.

## Le temps de faire ses adieux

À mesure qu'il avancera en âge, le vieux chat dormira de plus en plus et sera de plus en plus récalcitrant à faire de l'exercice. Il boira alors beaucoup mais mangera peu. Comme il peut fonctionner normalement, même à ce rythme, il sera probablement très satisfait. Si sa vessie ou ses intestins donnent des signes d'épuisement et qu'il est incapable de manger, demandez l'avis du vétérinaire ; la solution la plus convenable qui s'impose dans les circonstances, c'est qu'il euthanasie votre chat afin qu'il meure sans souffrir et dans la dignité. C'est la dernière délicate attention que vous pouvez témoigner à un compagnon et un ami très aimé. Consultez les pages 124-125 pour l'information relative au deuil et à l'euthanasie.

# Le deuil

Quand meurt un compagnon animal ou que sa fin est imminente, l'impact est énorme sur les personnes qui l'ont aimé et ont pris soin de lui. Perdre un animal très estimé est pour de nombreuses personnes comparable à la perte d'un membre de la famille ou d'un ami intime. Selon les individus, le traumatisme se vit de différentes manières.

## Pourquoi les chats meurent-ils ?

Il y a deux causes principales de décès chez les chats :

- une mort subite due à un accident ou à une maladie ;
- l'euthanasie (faire « endormir » son chat) à la suite d'un accident, du vieil âge, d'une maladie qui s'avère incurable ou d'une qualité de vie qui est devenue ou deviendrait trop misérable.

La première cause provoquera sans aucun doute un choc énorme, alors que vous pouvez vous préparer au caractère inéluctable de la seconde, même si ce n'est pas plus facile à traverser. L'important, c'est de focaliser sur les nombreux moments heureux que vous avez partagés avec votre compagnon.

## L'euthanasie

Si votre chat ne meurt pas subitement, le faire mourir paisiblement est la solution la plus acceptable. Un déclin naturel prolongé peut causer un traumatisme tant chez vous que chez lui, sans compter la douleur qu'endurera le chat.

Renseignez-vous auprès du vétérinaire pour savoir s'il est plus pratique de faire euthanasier votre chat à domicile ou en clinique ; parlez-lui aussi de ce que voulez qu'il advienne de son corps. Une fois que vous vous serez entendus, prenez rendez-vous (il vaut mieux tôt que trop tard).

### Au centre de soins vétérinaires

Choisissez une heure où le centre est calme, ou bien empruntez une entrée privée. Faites-vous accompagner par une personne de votre entourage qui pourra vous y conduire et vous ramener à la maison ; vous pourriez ne pas être en état de tout faire vous-même. Apportez une couverture pour envelopper le corps de votre chat afin de le rapporter chez vous, si c'est ce que vous voulez. Faites en sorte que le voyage jusqu'au centre de soins se déroule en douceur, sans stress et aussi paisiblement que possible. Si vous êtes capable de l'accompagner jusqu'au dernier instant, restez avec lui. Si vous craignez que ce soit trop pénible, demandez au vétérinaire et à son assistant de s'en charger ; si vous êtes accablé, le chat pourra le percevoir et sa fin ne sera pas aussi paisible qu'elle devrait l'être.

### À domicile

Demandez qu'un assistant accompagne le vétérinaire pour le seconder au besoin et pour vous aider, le chat et vous, à demeurer calmes afin que tout se déroule avec le minimum de tension. Le jour prévu, maintenez la routine habituelle du chat, mais donnez-lui plus d'attention et faites-lui beaucoup de câlins s'il s'y prête.

### La procédure

La procédure est rapide et relativement indolore. Il se peut que le vétérinaire administre un sédatif si le chat est très agité, difficile à manipuler ou à immobiliser. En général, il rasera une patte antérieure pour localiser une veine. Ensuite, il injectera un barbiturique concentré (une surdose d'anesthésique) intraveineux. Le chat s'endormira presque sur-le-champ. La respiration s'arrêtera bientôt et le cœur cessera de battre.

Si le système circulatoire ne fonctionne pas normalement et, par conséquent, que la veine appropriée sur la patte antérieure n'est pas facile à trouver, le vétérinaire aura peut-être recours à une injection directe dans la poitrine ou l'abdomen. Comme il se peut que le maître soit incapable de tenir son chat et de le garder calme, la présence d'un assistant d'expérience s'avérera précieuse.

### Après

Si vous le désirez, le vétérinaire s'occupera de l'enterrement ou de la crémation du chat. L'autre possibilité, c'est que vous rapportiez le corps, si c'est légal, et que vous l'enterriez dans votre jardin. La fosse doit avoir au moins 1 mètre de profondeur et être creusée bien à l'écart des conduites d'eau (votre service local de l'environnement ou de l'urbanisme devrait être en mesure de vous indiquer leur emplacement). Si vous optez pour l'enterrement ou la crémation, les cimetières et crématoriums pour animaux sauront vous renseigner sur les coûts et les autres conditions.

## Le deuil

Seul le maître sait comment il se sent à la suite de la perte d'un compagnon qui représentait tout pour lui, et il importe de comprendre que le deuil est une phase essentielle du processus d'acceptation de la mort. Il n'existe aucune limite de temps pour faire son deuil.

### De l'aide quand vous en avez le plus besoin

N'hésitez pas à faire appel au soutien de membres de la famille ou d'amis quand vous en sentirez le besoin. Il existe en outre des services de soutien que l'on peut contacter par téléphone, courrier ou courriel ; de nombreux refuges pour animaux et certaines compagnies d'assurances pour animaux offrent de tels services. Vous pouvez aussi consulter un médecin compatissant ou un conseiller.

Il peut s'avérer salutaire, en signe de respect pour votre chat disparu, de lui dédier un monument de quelque sorte, qu'il s'agisse d'une stèle, d'un arbre, d'un arbuste ou d'une plante. Vous aurez un lieu où donner libre cours à votre chagrin et, aussi, quelque chose de tangible qui évoquera son souvenir.

### Les enfants et la perte d'un animal familier

Pour de nombreux enfants, la perte d'un animal familier sera leur première expérience avec cet aspect inévitable de la vie. Il est recommandé aux parents de se renseigner d'avance auprès d'un conseiller sur ce qu'il faut dire dans les circonstances. L'aide directe d'un tiers pourra aussi être précieuse pour l'enfant. En tout cas, ce qu'il ne faut pas dire, c'est que le chat a été « endormi », car cela peut susciter le faux espoir qu'il se réveillera et reviendra.

### Le chagrin des animaux

Il n'y a pas que le maître qui peut avoir du chagrin à la suite de la perte de son compagnon ; les autres animaux de la maison peuvent aussi en éprouver. La meilleure chose à faire, c'est de maintenir la routine des autres animaux comme d'habitude et de les laisser mettre en place une nouvelle hiérarchie entre eux.

## Le successeur

Vous seul saurez quand le temps sera venu d'adopter un nouveau chat. Quand vous vous sentirez prêt, rappelez-vous qu'il y a un grand nombre de chats sans foyer, jeunes et vieux, qui attendent dans les refuges pour animaux. Ils ne demandent pas mieux que de combler le vide auprès de quelqu'un de spécial qui saura leur offrir la vie qu'ils méritent : un bon chez-soi où ils seront bien entourés et pleins d'amour.

# Index

## Remerciements

**Directrice de rédaction** Clare Churly
**Rédactrice en chef** Camilla Davis
**Chef du service photographique** Leigh Jones
**Maquettiste** Jo Tapper
**Assistante à la photothèque** Taura Riley
**Assistante au contrôle de la production** Nosheen Shan

**Crédits photographiques**
**Octopus Publishing Group Ltd** 9, 21, 28 bas, 66 ; /Jane Burton 1, 2-3, 6, 8, 11, 17, 18, 19, 20, 26, 28 centre droite, 29 bas, 38 haut, 48, 49, 50 haut gauche, 50 bas droite, 54, 55, 56, 58 haut gauche, 58 haut droite, 58 bas droite, 58 bas gauche, 61 haut gauche, 61 haut droite, 61 bas droite, 61 bas gauche, 62, 64 haut gauche, 64 haut droite, 64 bas droite, 64 bas gauche, 65 bas, 67, 73, 86 haut droite, 86 bas gauche, 87 gauche, 87 droite, 88, 90, 92, 93, 95 haut, 96-97, 100, 108 ; /Steve Gorton 7, 10, 22, 23, 25, 27, 28 centre gauche, 30, 32, 33, 35, 36 haut droite, 36 bas, 37 gauche, 39, 40, 41, 42, 43, 44, 45, 46, 51 haut, 51 bas, 53, 63, 69, 72, 83, 98, 105, 118, 120, 121, 122 haut, 123, 125 ; /Peter Loughran 15 haut, 99 ; /Ray Moller 12, 13, 14, 15 bas, 28 haut droite, 29 centre gauche, 29 centre droite ; /Dick Polak 102 ; /George Taylor 70 ; /Nick Goodall 68 ; /Rosie Hyde/Stonehenge Veterinary Surgery 85.
**Warren Photographic**/Jane Burton 29 haut.